"十三五"国家重点出版物出版规划项目
中国经济治略丛书

农村普惠金融多维减贫效应及减贫机制研究

Research on the Multi-dimensional Poverty Reduction Effect
and Poverty Reduction Mechanism of Inclusive Finance in Rural Areas

马 平 著

中国财经出版传媒集团

经济科学出版社
Economic Science Press

图书在版编目（CIP）数据

农村普惠金融多维减贫效应及减贫机制研究/马平
著 . -- 北京：经济科学出版社，2022.12
（中国经济治略丛书）
ISBN 978 - 7 - 5218 - 4422 - 1

Ⅰ. ①农… Ⅱ. ①马… Ⅲ. ①农村金融 - 经济发展 -
作用 - 扶贫 - 研究 - 中国 Ⅳ. ①F832.35

中国国家版本馆 CIP 数据核字（2023）第 012244 号

责任编辑：王　娟　徐汇宽
责任校对：徐　昕
责任印制：张佳裕

农村普惠金融多维减贫效应及减贫机制研究
马　平　著
经济科学出版社出版、发行　新华书店经销
社址：北京市海淀区阜成路甲 28 号　邮编：100142
总编部电话：010 - 88191217　发行部电话：010 - 88191522
网址：www. esp. com. cn
电子邮箱：esp@ esp. com. cn
天猫网店：经济科学出版社旗舰店
网址：http：//jjkxcbs. tmall. com
北京季蜂印刷有限公司印装
710 × 1000　16 开　9.5 印张　150000 字
2022 年 12 月第 1 版　2022 年 12 月第 1 次印刷
ISBN 978 - 7 - 5218 - 4422 - 1　定价：58.00 元

编 委 会

总 序

　　2017 年 5 月，经宁夏回族自治区教育厅、财政厅批准，理论经济学获批宁夏回族自治区一流学科建设项目，成为自治区立项建设的 18 个一流学科之一。理论经济学一流学科设计了 4 个学科发展方向：开放经济理论与政策、财政金融理论与政策、人口资源环境与可持续发展、消费者行为理论与政策。学科发展方向适应当前和未来国家和地方经济建设和社会发展需求，在人才培养、科学研究和社会服务等方面形成鲜明特色。

　　理论经济学一流学科建设目标是：根据中国特色社会主义经济建设的现实需求，坚持马克思主义为指导，借鉴现代经济学发展的成果服务于中国实践。通过五年建设，一是基本达到理论经济学一级学科博士学位授权点申请基本条件；二是在第五轮学科评估中，理论经济学教育部学科排名显著上升。为实现该建设目标，主要采取如下措施：第一，创造良好的工作环境和学术环境，积极引进人才，培育研究团队成长，积极申报人才和创新团队项目；第二，紧密围绕学科发展方向，瞄准对学科发展具有前瞻性、长远战略性的重大理论及现实问题开展研究；第三，建立跨学科、跨部门的开放型科研组织形式，营造既能有效促进协同攻关，又能充分发挥个人积极性的科研氛围，形成团队合作与自由探索相结合的管理机制；第四，开展国际国内合作研究和学术交流活动，形成有影响的学术高地。

　　理论经济学一流学科自获批以来，凝聚了一支结构合理、素质良好、勤奋敬业的研究团队，凝练了精准的研究方向，正在开展较为系统、深入的研究，拟形成了一批高质量系列研究成果。经理论经济学一流学科编委会的精心组织、认真甄别与仔细遴选，确定了《中国区域经济增长效率集聚与地区差距研究》《村级互助资金与扶贫贴息贷款的减贫机制与效应比较研究》《资产扶贫理论与实践》等 12 本著作，作为理论经济学一流建设学科首批系列学术专著。

系列丛书的出版，凝结了宁夏大学经济学人的心血和汗水。尽管存在诸多不足，但"良好的开端就是成功的一半"，相信只要学者们持之以恒，不断耕耘，必能结出更加丰硕的成果。

系列丛书的出版，仰赖经济科学出版社的鼎力支持，承蒙经济科学出版社王娟女士的精心策划。现系列学术著作将陆续面世，衷心感谢他们的真诚关心和辛勤付出！

系列丛书的出版，希望求教于专家、同行，以使学科团队的研究更加规范。真诚欢迎专家、同行和广大读者批评指正。我们将努力提升理论和政策研究水平，引领社会和服务人民。

杨国涛

2017 年 12 月于宁夏大学

前　言

2020 年后，中国农村贫困结构发生根本变化，绝对贫困已被消除。然而，社会、环境与生态等多维贫困则赋予新时期农村反贫困战略新的内涵与挑战。2005 年普惠金融概念被提出以后，学者们普遍认为普惠金融可以有效缓解贫困，促进经济增长，实现社会包容。普惠金融是否像其理论阐述的那样有效减缓农村多维贫困，其减贫机制是什么？普惠金融如何更加有效降低农村多维贫困？这些问题得到有效证实和解释，对巩固拓展脱贫成果，实现乡村振兴具有重要的现实意义。本书构建评价指标体系，测算农村普惠金融发展程度和多维贫困程度；借助 PSTR 模型检验农村普惠金融发展对总体贫困、经济贫困和社会贫困的非线性影响效应；基于中介效应模型，检验农村普惠金融如何通过经济增长和收入分配差距的中介效应实现减贫目标；另外，收入差距的缩小对于经济增长和贫困减缓具有重要意义。本书利用动态面板模型和 GMM 检验方法进一步验证影响城乡收入差距的人力资本和劳动力转移机制。本书得出以下结论：第一，农村普惠金融指数和总体贫困指数、经济贫困指数、社会贫困指数之间都存在非线性的关系，且存在一个门槛值。跨越门槛值之前，农村普惠金融不利于减缓贫困，跨越门槛值之后，则具有减贫效应。第二，在总体贫困效应探讨中，控制变量的政府干预和经济发展水平在跨越门槛值之后，表现出明显的减贫效应；在社会维度贫困效应的探讨中，控制变量中的城镇化水平在跨越门槛值之后，也会存在显著的减贫效应。因此，加快区域农村经济发展和有效的政府干预会给扶贫工作带来支持和帮助，同时，还应大力加强城镇化建设，让其在减缓社会贫困方面发挥重要的作用。第三，农村普惠金融的贫困减缓效应在区域间存在发展不平衡的状况，因此制定差异性的农村普惠金融发展战略势在必行。第四，农村普惠金融发展除对农村贫困具有直接影响效应外，还通过经济增长和收入分配两种机制间接作用于农村贫困减缓，而农村人力资本的提升和农村劳动力的合理流动对于缩小城乡居民收入差距有显著影响。因此，应重视普惠金融发展在促进农村人力资本提升方面和劳动力合理转移过程中的作用。

本书把金融发展理论与普惠金融、贫困治理理论结合在一起，深入研究我国普惠金融的多维减贫效应，一方面，能够为检测、评价普惠金融相关政策效应提供依据，有利于进一步改善和深化普惠金融发展；另一方面，也能够拓展普惠金融减缓多维贫困的相关理论，为进一步指导普惠金融助力贫困治理提供参考。

CONTENTS 目录

第1章 绪论/1

1.1 研究背景及意义/1

1.2 国内外研究综述/4

1.3 研究目标和研究假说/18

1.4 研究内容和研究方法/20

1.5 研究思路和技术路线/22

1.6 研究创新/23

第2章 相关概念界定及理论基础/25

2.1 相关概念界定/25

2.2 理论基础/33

第3章 中国农村普惠金融发展现状及发展程度评价/40

3.1 农村普惠金融发展现状分析/40

3.2 农村普惠金融发展指数构建/52

3.3 农村普惠金融发展程度评价/56

3.4 本章小结/60

第4章 中国农村多维贫困分析评价及国内外普惠金融减贫实践/61

4.1 农村多维贫困分析/61

4.2 农村多维贫困程度评价与分析/68

4.3 国内外普惠金融反贫困实践/73

4.4 本章小结/76

第 5 章　农村普惠金融发展的减贫效应分析／78

　　5.1　农村普惠金融减贫的理论分析／78

　　5.2　农村普惠金融的减贫效应实证分析／81

　　5.3　本章小结／92

第 6 章　农村普惠金融发展减缓贫困的作用机制分析／95

　　6.1　农村普惠金融减贫作用机制的理论分析／95

　　6.2　农村普惠金融发展影响贫困减缓机制实证检验／102

　　6.3　本章小结／113

第 7 章　研究结论及政策建议／115

　　7.1　研究结论／115

　　7.2　政策建议／116

参考文献／124

后记／139

第 1 章

绪　　论

1.1　研究背景及意义

1.1.1　研究背景

消除贫困始终是广大发展中国家面临的重要任务。中国在消除贫困方面作出巨大努力，《国家八七扶贫攻坚计划》《中国农村扶贫开发纲要》等政策的颁布，救济式、开发式、参与式、多元化扶贫、精准扶贫等扶贫模式的探索，使得农村反贫困事业取得辉煌成就，特别是党的十八大以来，我国全面实施脱贫攻坚战略，精准扶贫、精准脱贫成绩斐然。截至2020 年底，我国实现所有贫困村、贫困县脱贫摘帽，创造了世界减贫史上的"中国奇迹"。

脱贫摘帽不是终点，而是新生活、新奋斗的起点。脱贫摘帽后，如何解决相对贫困，如何不断改善民生，提升人民福祉成为"后扶贫时代"的重要议题。党的十九大报告提出乡村振兴战略，再次强调农业、农村、农民问题是关系国计民生的根本性问题，必须把解决好"三农"问题作为全党工作的重中之重。党的十九届四中全会指出，要"坚决打赢脱贫攻坚战，巩固脱贫攻坚成果，建立解决相对贫困的长效机制。"党的二十大报告庄严宣布："中国式现代化的本质要求是：坚持中国共产党领导，坚持中国特色社会主义，实现高质量发展，发展全过程人民民主，丰富人民精神世界，实现全体人民共同富裕，促进人与自然和谐共生，推动构建人类命运共同体，创造人类文明新形态。"这些政策文件无不彰显出国家改善民生，提高人民福祉的重大决心。

普惠金融作为金融发展的热门方向，其基本含义与核心思想是提高社会各阶层尤其是低收入阶层群体的金融覆盖，并通过贷款和保险服务的渗透，增强贫困群体的抗风险能力并提高其生计、健康、教育投资水平。2006 年普惠金融理念引入我国之后，党和政府高度重视普惠金融的减贫作用。2013 年党的十八届三中全会明确提出发展普惠金融，鼓励金融创新，将发展普惠金融上升到国家政策层面。2015 年《政府工作报告》也提出，要大力发展普惠金融，让所有市场主体都能分享金融服务的雨露甘霖。2016 年，中国人民银行、国家发展改革委、财政部等七部委联合印发《关于金融助推脱贫攻坚的实施意见》。该意见指出，应大力推进贫困地区普惠金融发展、充分发挥各类金融机构助推脱贫攻坚主体作用、完善精准扶贫金融支持保障措施、持续完善脱贫攻坚金融服务工作机制。2018 年《中共中央 国务院关于实施乡村振兴战略的意见》提出坚持农村金融改革发展的正确方向，健全适合农业农村特点的农村金融体系，推动农村金融机构回归本源，把更多金融资源配置到农村经济社会发展的重点领域和薄弱环节，更好满足乡村振兴多样化金融需求。2019 年 1 月，人民银行、银保监会、证监会、财政部、农业农村部五部委联合印发《关于金融服务乡村振兴的指导意见》，依据乡村振兴战略三个阶段性目标，明确了相应阶段内金融服务乡村振兴的目标。

普惠金融为农村扶贫提供了重要抓手。随着普惠金融的不断发展，随着贫困治理内容从绝对贫困治理阶段转入相对（多维）贫困治理阶段，随着贫困治理方式从促进贫困人口脱贫转入对贫困风险的科学治理，普惠金融力量在有效巩固脱贫成果的过程中，更应发挥关键性作用。从理论上讲，普惠金融作为一种以合理的价格向群体提供金融服务的贫困减缓工具，为发展中国家多维贫困减缓工作作出了重要贡献。国内外学者从不同角度对普惠金融发展影响多维贫困减缓的途径进行了研究，大体可分为直接作用和间接作用两种途径。一方面，普惠金融可以以村镇银行和农村资金互助社为依托，通过创新信贷产品和流程，创新抵押担保方式等途径，方便农户获得信贷服务，使农户有资金去发展生产、就业或创业。另外，普惠金融机构也可以通过降低涉农经济组织的金融服务门槛，帮助涉农经济组织壮大和发展，使涉农经济组织在解决农村就业、延长农业产业链，提高农户收入方面发挥其作用。另一方面，普惠金融可以通过促进经济增长和缩小城乡收入差距的间接途径来达到减缓多维贫困的目的。农村普惠金融发展能够推动农村经济增长和收入分配优化，从而促进消费和投资增长，改善农村地区的整体发展状况，优化农村居民在生活、消费、医疗、教育、社会保障、就业创业等方面的条件，从而不断改善农村多维贫困状况。

普惠金融是否像其理论所阐述的那样有效减缓农村多维贫困？普惠金融到底通过何种机制达到减缓多维贫困的目标？普惠金融如何以更加有效的方式减缓农村多维贫困并提高农户福利水平？这些问题唯有得到有效证实和解释，才能更好地为中国普惠金融未来发展提供可资借鉴的理论依据。为了回答以上的问题，本书借助 2009 ~ 2019 年统计数据、金融数据和中国农村贫困观察数据，在对中国农村普惠金融水平和多维贫困水平分析评价基础上，研究普惠金融是否有效降低我国农村家庭多维贫困及多维贫困脆弱性；探究普惠金融以何种机制对减缓农村多维贫困发挥积极作用。该研究对于提高农村减贫质量，建立解决相对贫困长效机制具有一定的理论和现实意义。

1.1.2 研究意义

1.1.2.1 理论意义

国内外学者对金融缓解农村贫困已形成了较为丰富的研究成果，但侧重于金融缓解收入贫困的研究，对金融发展与农户福利保障问题、金融发展与多维贫困减缓问题的研究相对不足。即便是从金融角度探讨其与多维贫困的关系，相关研究多侧重于从金融深度出发，而忽视了金融发展的广度。伴随着金融深化的进行，金融包容变得越来越重要，片面研究金融深度对多维贫困减缓的影响将极大限制人们对金融多维减贫效应的理解。另外，在研究普惠金融与多维贫困的相关文献中，大多是实证研究，缺乏演绎性的理论分析，理论基础不足。本书把金融发展理论与普惠金融、贫困治理理论结合在一起，深入研究我国普惠金融的多维减贫效应。一方面，为检测、评价普惠金融相关政策效应提供依据，有利于进一步改善和深化普惠金融发展；另一方面，也能够拓展普惠金融减缓多维贫困的相关理论，为进一步指导普惠金融助力贫困治理提供参考。

1.1.2.2 现实意义

2020 年我国如期完成脱贫攻坚任务后，贫困治理工作面临由消除绝对贫困向消除相对贫困转换、由收入贫困这一单一贫困向多维贫困转变的新挑战，并且相对贫困和多维贫困会长期存在，所以解决相对贫困、多维贫困是全面建成小康社会后，贫困治理工作的重点。另外，整个扶贫攻坚过程中，存在着易地搬迁扶贫、教育精准扶贫、医疗健康扶贫、产业扶贫等诸多扶贫方式，各扶贫方式均不同程度起到了助农户脱贫的效果。但无论采取何种扶贫方式，均离不开资金投入。而普惠金融更是强调对所有社会群体，尤其是对弱势群体的包容，使弱势群体能够及时享受到他们需要并认为是价格合理的金融服务。由此可见，普惠金融在农户脱贫中具有决定性作用，是相对贫困与多维贫困问题破解的基础与持久动力，是农户高质量脱贫的关键。本书识别普惠金融多维减贫效果，探索普惠金融多维贫困治理机制，并为相对贫困与多维贫困提出有效的治理良方，这对于农户真正跳出"贫困陷阱"，全面实现乡村振兴具有一定的现实意义。

1.2 国内外研究综述

1.2.1 普惠金融研究现状

1.2.1.1 普惠金融的内涵

对于普惠金融的内涵，国际组织和各界学者提出了不同的理解。世界银行扶贫协商小组（CGAP，2004）认为，普惠金融是由向所有客户提供各种服务的不同金融机构组成的金融体系。利拉德哈（Leeladhar，2006）指出，普惠金融已跨越了原有小额信贷的研究范畴，它是一个能惠及所有客户的、完善的金融体系。阿南特（Ananth，2007）认为，普惠金融可以被理解为在金融服务供给者的收益能够覆盖其成本前提下，每个个体都有能力以相当方便、灵活的方式在金融方面获得他们所需要的服务。印度加拉詹委员会（2008）给出的普惠金融的定义是每一个弱势群体都能以他们所接受的成本获得相应的金融服务。其含义有广义和狭义之分，广义的普惠金融包括信贷、储蓄、保险、证券等；而狭义的普惠金融只指其中一种金融服务实现其包容性。阿尔弗雷德（Alfred, 2011）认为，普惠金融是将正规金融服务的范围扩展到"无银行"人群之中，使他们也能有机会享受到储蓄、支付、信贷和保险等金融服务。戴莫古克·康特和克拉珀（Demirguc–Kunt and Klapper, 2012）认为，普惠金融就是在不存在价格和非价格壁垒的环境下获得金融服务。津斯和威尔（Zins and Weill, 2016）认为，普惠金融最基本的任务应当是使社会个人能够在正规金融机构拥有可以进行借贷、支付、储蓄等基本金融活动的账户。英里（Mialou, 2017）指出，普惠金融可以被理解为能够基本实现个人或者企业对金融服务的需求不被金融体系拒绝。我国于 2006 年引入普惠金融理念。杜晓山（2006）将普惠金融定义为包括低收入阶层在内的全体居民都能享受经济发展成果的制度。周小川（2013）将普惠金融定义为：通过不断完善金融基础设施，将低价、快捷的金融服务延伸到社会弱势群体和欠发达地区。人民银行石家庄中心支行金融研究课题组（2015）指出，普惠金融是一个完整的金融体系，在这个金融体系中，以往那些被金融机构边缘化的人群也能够获得自己所需要的金融服务。此外，邢乐成和赵建（2019）以"三三界定"原则为基础，对普惠金融进行了重新定义。即普惠金融必须以服务可获得性、成本可负担性以及发展的可持续性为基础，面向包括三农群体（农业、农村和农民）、小微企业等金融弱势群体展开金融服务。

1.2.1.2 发展普惠金融的意义

发展普惠金融意义重大。普惠金融在宏观方面的作用主要体现在能够推动区域和一国经济水平的增长，在微观方面的作用主要体现在能够提高低收入家庭的福利水平。查托帕迪亚（Chattopadhyay, 2011）认为，如果一个国家的金融体系缺乏包容甚至出现金融排斥，那么将会使该国的 GDP 至少损失 1%。马哈贾宾（Mahjabeen, 2008）指出，无论是哪种类型的家庭，在他们得到微型金融服务后，其收入均有所增加。在我国，焦瑾璞和陈瑾（2009）指出，普惠金融是对现有金融体系的反思和完善，它强调全体社会公民都应该平等地享受现代金融服务。马九杰和沈杰（2010）指出，金融排斥现象在我国农村地区普遍存在，而普惠金融可以有效打破农村地区的金融排斥，它在增加农民收入和推动农村金融制度改革方面发挥着重要作用。王曙光和王东宾（2011）指出，普惠金融对于转变经济增长方式、提高居民收入、消除贫困，缩小城乡二元经济结构等都具有重要意义。田杰等（2012）指出，农村普惠金融发展能够有效提高农村劳动生产率，使农村贫困农户获得更多的就业和创业机会，从而缩小贫富和城乡差距，实现经济平衡增长。江春和赵秋蓉（2015）指出，普惠金融的发展在缓解贫困和改善收入分配状况方面都将发挥重要的作用。徐小阳等（2020）通过实证研究说明了普惠金融对农村教育贫困的缓解效应。研究结果表明，普惠金融能够显著缓解农村教育贫困的广度、深度及强度，且长期缓解效应呈现出倒"U"型的非线性变化趋势，同时普惠金融对农村教育贫困广度、深度、强度的纾解均存在空间溢出效应。

1.2.1.3　影响普惠金融发展的因素

安德森（Anderloni，2008）认为，人口数量、收入水平、金融市场状况、社会劳动情况及财政、社会帮扶政策等因素均会对普惠金融的发展产生影响。贝克等（Beck et al.，2007）研究发现交易成本的高低、经济增长率的大小等因素都会对金融服务的可获得性产生影响。阿普尔亚德（Appleyard，2011）得出金融机构的合理地域分布是促进普惠金融发展的重要因素。艾哈迈德（Ahamed，2016）则证明实施优惠的财税政策能够有效推进普惠金融的顺利实施。另外，从社会文化角度，学者们提出信息技术、人口、教育等影响因素。奥西利和保尔森（Osili and Paulson，2006）研究发现，性别、年龄、居住条件、财产关系、受教育程度甚至婚姻状况等都对居民是否有效获取金融服务有重要影响。安德里亚纳沃和科波达尔（Andrianaivo and kpodar，2011）研究发现，信息和通信技术的发展对普惠金融水平有较大程度的影响。爱伦等（Allen et al.，2016）认为金融机构的政策变动以及工作人员的素质都可影响普惠金融的发展，同时居民的金融素养也对普惠金融有着正向影响。在我国，张世春（2010）研究表明，财政和金融的有效支持都会促进普惠金融的发展。王曙光和王东宾（2011）认为农村金融改革的大力实施将会对普惠金融体系建设起着至关重要的作用。董晓林和徐虹（2012）得出影响金融商业网点分布的最主要因素是人口和收入水平。张宇和赵敏（2017）研究发现，信息技术、交通条件等因素都会从正向显著影响农村普惠金融发展。陈志刚和田江慧子（2018）通过实证检验发现，农村金融机构网点分布、公路建设、城镇化发展和手机互联网新渠道都会提升普惠金融指数。另外，随着数字化技术的发展，数字普惠金融逐渐发展起来，我国农村数字普惠金融区域差异较大，主要是受收入水平、经济发展程度、金融资产以及互联网发展等因素影响。不仅如此，我国普惠金融发展的不均衡还受到空间因素影响，耿良和张馨月（2019）认为我国省域普惠金融发展水平具有较强的空间集聚性，同时经济基础和城镇化对普惠金融发展存在正的溢出效应。

1.2.1.4 普惠金融发展程度测度

政府和国际组织最早通过小范围的调查测度普惠金融水平。贝克特等（Beck et al.，2008）对 62 个国家（地区）209 家银行的存款、贷款及支付服务障碍等进行了收集和整理。在此基础上，学者们选取类似但不尽相同的指标来构建普惠金融指数，并对某些国家的普惠金融发展状况进行测度。萨尔马（Sarma，2008）用银行渗透率（拥有银行账户人数/1000人）、银行服务可得性（银行分支机构数/1000 人）和使用度（存贷款量之和/GDP）三个维度，横向比较 49 个国家（地区）的普惠金融状况。阿罗拉（Arora，2010）在比较 98 个发达和发展中国家金融服务可获得性的差异时选取了银行服务范围、便利性和成本等指标。笈多（Gupte，2012）则将萨尔马和阿罗拉的指标体系进行综合，构建了可跨时期比较的、相对全面普惠金融指数，测度印度的普惠金融状况。

在我国，学者们从不同维度构建普惠金融发展指数，并选取相应指标，评价我国普惠金融发展水平。胡国晖和王婧（2013）从供给方面的金融服务范围和需求方面的金融服务使用两个维度，选取九项指标测度我国普惠金融发展水平并进行区域间的横向比较。胡蓉（2013）基于普惠金融的基本构成，分别从微观、中观和宏观层面构建农村普惠金融评价指标体系，测度农村普惠金融水平。李滨（2014）在选取测度指标时，考虑了保险和小额信贷公司贷款余额等因素。焦瑾璞等（2015）从金融服务的可获得性、使用情况和服务质量三个方面测度我国普惠金融发展水平。陈银娥和孙琼等（2015）通过测度得出，中国普惠金融呈现多级分化趋势且普惠金融指数略有下降。雷汉云和张喜玲（2017）分阶段评价了我国边疆地区普惠金融发展程度，研究发现，边疆地区普惠金融发展基数低，其发展差距主要体现在普惠金融发展深度、人口维度的金融服务、普惠金融覆盖广度、非银行类的金融服务等差距上。胡宗义等（2018）在测算我国各地区普惠金融发展指数基础上，系统分析了中国及各区域普惠金融发展的演进过程，并实证检验其收敛性。结果表明，中国普惠金融发展具有整体水平低，区域发展不均衡，发展存在明显的空间相关性等特征。勾东宁和赵桢（2019）基于因子分析法对我国 31 个省份的普惠金融发展水平进行省级测度、排名比较和对比分析。刘亦文等（2018）和林春等（2019）利用变异系数法、欧式空间距离法，构建了以金融服务渗透性、服务可得性、使用效用性和可负担性为维度的中国普惠金融评价指标体系，对我国普惠金融发展水平进行了研究，结果表明我国普惠金融发展水平整体较低，区域发展不均衡，但各地区发展势头良好。

1.2.2 贫困与反贫困研究现状

1.2.2.1 贫困产生的原因

贫困是一个长期的社会性问题，目前国内外学者主要从资源禀赋、资本短缺、能力制约、社会排斥、分配不公等方面研究贫困的成因。资源禀赋方面，郭永中（2002）指出，我国的高寒地区，深山区，水土流失严重地区，生态系统脆弱、自然灾害多、资源贫乏，是贫困人口的主要聚集地区。李秀娟（2009）认为，造成西部地区出现长期性贫困的影响因素是多方面的，主要包括恶劣的自然环境、不可再生资源的急剧减少、历史因素、掠夺式开发、乡镇企业发展迟缓、过高的人口自然增长率、财政赤字过大、城市化率偏低、区域战略调整周期长以及体制死板等原因。李茂林（2010）则认为，导致贫困发生的重要原因在于自然灾害的频发，恶劣的气象条件，过低的产出率以及优质土地资源的匮乏。在资本短缺方面，纳克斯（Nurkse，1953）认为资本缺乏是导致发展中国家长期陷入"贫困恶性循环"，无法实现经济发展，不能从持续的贫困封闭圈中走出来的重要原因。纳尔逊（Nelson，1956）指出，发展中国家是否能跳出"低水平均衡陷阱"的关键在于是否能解决资本短缺问题。马克思认为贫困是由阶级剥削产生，因此只有进行无产阶级革命才能消除贫困。舒尔茨指出，解决贫困问题的唯一途径是人力资本的积累。马蒂亚·森（Mattia Sen，1985）则提出了人的生存状态决定于权利约束这一观点，丧失了权利即意味着贫困，权利的不平等是造成饥荒出现的主要人为因素。钱伯（Chamber，1995）认为，影响贫困的深层次因素不只限于收入和支出水平低，还包括诸如教育、健康和营养的缺乏在内的人的发展能力受限以及无话语权、无权无势等诸多影响因素。在我国，胡鞍钢和李春波（2001）认为，知识是贫困地区最缺乏的资源，也是其发展最大的制约因素，存在严重的地区差异、城乡差异和性别差异。朱乾宇和姚上海（2005）指出，人力资本投资的不足是造成贫困的根本性影响因素。林卡（2006）认为，贫困群体之所以被边缘化是由于社会排斥的存在。张锦华（2007）指出，低收入群体陷入"贫困陷阱"的原因在于教育差距和收入差距同向同行、同频共振，教育的不平等会带动收入差距的扩大，而收入差距的扩大反过来又会进一步加剧教育的不平等。刘海军（2009）指出，制度缺乏是造成农村贫困的首要因素，他认为制度的建立与实施可以从根源上决定不同资源的分配方式和数量，而制度的缺乏则无法保障资源分配的有序性和相对平等性，资源获取权利的不平等会继而加大不同区域、群体和个体之间的贫富差距。另外，农村教育资源的匮乏和医疗卫生保障体系的不健全也是导致农村贫困的主要原因。农村与城市相比本就存在先天弱势，获取信息途径少，教育医疗资源匮乏，经济发展缓慢。而城乡二元户籍制度的存在使得城市与农村的发展差距更加明显，导致农村人口甘于现状而不愿改变贫困命运。张新文和罗倩倩（2011）则强调，导致农村陷入长期贫困的原因不仅包括自然条件、历史和经济因素，还包括农村保障机制缺失、政策偏差以及社会排斥等复杂的社会因素。黄江泉（2012）认为，农村贫困的主要原因在于农村人口受教育程度不高、农户产权制度缺失、社会保障制度不公平以及社会资本不足。刘颖（2013）指出，中国农村贫困问题的产生主要是由城乡二元经济结构体制、农村社会保障制度不完善、农村基础设施薄弱和土地制度不健全等诸多原因所导致。杨舸（2017）认为，贫困不仅表现为生活水准低所造成的社会排斥，而且还表现为剥夺他人的话语权或使他人缺乏安全感。邢成举和李小云（2019）认为，由于收入水平差距带来的教育、社会地位和生活质量等多维困境，从而导致贫困处于相对状态。王小林和冯贺霞（2020）提出贫困的概念，既包括经济维度的"贫困"，又反映出社会发展维度的"贫困"。

1.2.2.2 贫困的度量

贫困的度量是准确识别贫困人口的重要依据。度量方法随着人们对贫困内涵理解的加深而不断丰富。最初从货币角度测算出食物贫困线和非食物贫困线，两者相加即得到实际的贫困线。货币测算法主要有朗特里（Rowntree，1899）的市场菜篮子法、世界银行专家马丁（Martin）的马丁法、奥汉斯克（Orshansk）的恩格尔系数法、童星和林闽钢（1993）的"三线"法、刘福成（1998）的需求成本法、骆柞炎（2006）的线性支出法等。其测度贫困的基本思路离不开收入和消费等货币指标。但随着贫困内涵的不断拓展，学者们对判断贫困的认识和理解也在不断加深，他们开始意识到不能只将收入作为判断个人或家庭是否贫困的唯一指标，还需要考虑一些非收入性指标，如教育、医疗以及健康等。阿玛蒂亚·森（1985）则对贫困的研究范畴有了更为深刻的理解，他第一次提将能力贫困归于贫困的研究范畴，为多维贫困测度方法的兴起奠定了理论基础。在多维贫困方面，研究观点集中在以下三个方面：一是探究多维贫困指数的构建方法，分别是基于公理化的测度方法、基于模糊集的测度方法及基于信息理论的测度方法。公理化测度方法以哈格纳斯（Hagenaars，1987）构造的 H－M 指数、联合国开发计划署 UNDP（1997）构建的人类贫困指数（HPI）、查克拉瓦蒂（Chakravarty，1998，2003）和都井（Tsui，2002）提出的 Ch－M 指数和 F－M 指数，以及阿尔基兰·福斯特（Alkire-and Foster，2009，2011）构建 AF 方法为代表。模糊集的测度方法以塞里奥利和扎尼（Cerioli and zani，1990）提出的完全模糊方法理论（TFA），锁可立（Cheli，1995）提出的完全模糊集和相对方法，莱米和维玛（Lemmi and Verma，2005）提出的综合模糊集和相对方法（IFR）为代表。信息理论的测度方法方面，马苏米（Maasoumi，1986）提出刻画福利及不平等可以借助于信息理论。米契利（Miceli，1997）提出测度多维贫困可依赖于贫困思想与复合指数的分布，将几个相关复合指数的中位数的百分比定为贫困线。二是从不同维度建立指标体系探究多维贫困状况。联合国发展计划署的贫困衡量指标包括预期寿命、受教育程度和生活质量。其中受教育程度以成人文盲率表示。发展中国家人类贫困指数由寿命、读写能力和生活水平三项指标构成。其中寿命用出生时活不到 40 岁的可能性来衡量，知识用成人文盲率表示，生活水平用没有安全饮用水的人口比重表示。我国在 20 世纪末基本解决了贫困人口的温饱问题，《中国农村扶贫开发纲要（2001~2010 年）》指出，现阶段我国扶贫开发的奋斗目标是巩固温饱成果，提高贫困人口的生活质量和综合素质。由于扶贫内容的变化，我国的贫困监测也发生了变化。在我国，政府将贫困测度和分析的指标分为三类，第一类是贫困程度和生活质量，第二类是贫困的影响因素，第三类是扶贫效果和效益。其中，贫困程度与生活质量指标从温饱、收支、财产、教育、健康、饮用水、男女平等、社会参与等方面全面反映贫困状况。近年来，构建多维贫困指标体系，基于不同维度测度我国多维贫困状况成为我国学者的研究热点。徐宽（2001）改进了森（Sen）的贫困指数，以便易于理解和接受。方迎风（2012）在测度中国多维贫困状况时，构建了包括人力资本、环境卫生、资产、收入 4 个维度的 11 个指标，其中人力资本维度下设教育水平、健康状况、医疗保险等指标；环境卫生维度下设饮用水、卫生设施、卫生环境、照明、做饭燃料等指标；资产维度下设房屋和耐用品指标。收入维度用个人收入表示。李飞（2012）在三个经典维度的基础上加入了社会关系维度，因为他认为农民获得社会资源的能力可以用社会关系网络来衡量。张志国等（2013）按照教育、健康、保险、土地、收入 5 个维度对辽宁省多维贫困状况进行测量。杨晶（2014）在测度农村多维贫困时，从收入、教育、医疗健康、生活质量、社会保障等维度选择相应的指标。其中生活质量包括饮用水、卫生设施、生活燃料、交通、住房条件等指标。社会保障以是否参与社会保险作为衡量标准。苏静（2015）从经济、社会、生态维度选择相应的指标对我国 31 个省（区、市）的多维贫困状况进行分析和比较。张童朝等（2016）创新性地提出了测度农户多维贫困可以从市场参与度这个维度进行的观点。张全红等（2017）从多维福利和动态变化两个不同角度出发，以 AF 方法为基础构建了暂时贫困和长期贫困的测度方法，生动展示了中国贫困的历史面貌及其动态演进。霍萱和林闽（2018）在选择多维剥夺时，重点考察了劳动力状况、教育、卫生状况、资产、住房、健康 6 项指标。三是不同群体多维贫困测量探究。王春超和叶琴（2014）测量了农民工多维贫困的动态演进。王小林和尚晓援（2012）探讨了儿童的多维贫困问题。张雪梅等（2011）对妇女贫困问题从收入贫困视角到多维贫困视角展开深入研究。白晨和顾昕（2019）从健康和社会养老保障等方面测度了老年群体的贫困问题。有的学者测量了国家贫困县、贫困山区的多维贫困状况（李佳璐，2010；吴胜泽，2012；刘伟和黎洁，2014）。也有学者特别关注了城市贫困状况（高艳云，2012；夏庆杰，2017；吴和成等，2020；刘瑛，2021）。

1.2.2.3　减贫机制及其相关减贫策略

对于复杂的贫困问题，国内外学者致力于减贫机制的研究并提出相应的减贫策略。减贫机制方面，形成了三类主要的学术流派。第一，研究经济增长的涓滴效应与农村减贫的关系，但出现了两种相左的观点。胡兵等（2007），钱伯斯等（Chambers et al.，2008）以及李小云等（2010）认为可持续的快速经济增长是贫困问题的根本解决之道。陈立中（2009）和沈扬扬（2012）所持观点则与此相反，他们认为，经济增长带来的"涓滴效应"很有可能会被经济社会环境、制度设计、文化习俗等一系列综合复杂的因素所堵塞。第二，认为增加公共财政支出总量或者建立合理的公共财政支出体系可以有效降低农村贫困（秦建军，2011；罗楚亮，2012；闫坤和于树一，2016）。第三，认为加大健康、教育等人力资本的支出能够使贫困人群提升参与社会活动的能力，从而提高收入水平（Jung and Thorbecke，2003；徐月宾等，2007；王弟海，2012 等）。除此之外，2020 年后，随着中国贫困格局迎来重大转变。消除绝对贫困的目标已经达成，农村贫困进入相对贫困阶段，学者们也提出缓解相对贫困的治理机制。袁金辉（2019）从形成乡村多元产业带动机制、打造贫困户持续增收机制、升级完善社会保障机制、建立健全社会协同扶贫机制、构建脱贫致富内生动力机制入手，建立缓解相对贫困的长效机制。李小云（2020）提出，建立缓解相对贫困长效机制的重点应从过去的扶贫战略转向"防贫"战略。这种转变还意味着需要对从体制设置到公共财政配置的一整套扶贫措施进行调整。李斌（2020）指出，相对贫困长效机制的构建需从以下四个方面展开：一是建立相对贫困瞄准及监测机制；二是完善三方协作的相对贫困治理机制；三是健全解决相对贫困问题的多元支持机制；四是建立相对贫困问题解决与乡村振兴的衔接机制。减贫对策方面，在国外，马克思、马尔萨斯、纳克斯、缪尔达尔、舒尔茨、阿玛蒂亚森等学者分别从制度、物质资本、人力资本、能力贫困等角度剖析了贫困产生的原因并提出了相应的减贫理论。在此基础上，不同国家依据本国国情，形成了一系列较为成熟的扶贫开发模式，这主要以美国的以工代赈模式，比利时、荷兰、新西兰等国家实施的福利国家模式，孟加拉国的小额信贷模式，韩国的新村运动为代表。这些国家通过相应的减贫措施，都使本国的贫困问题得到一定程度的缓解，促进了本国的经济社会发展。在我国，自 1949 年新中国成立以来，中国政府就高度重视减贫工作，中国的扶贫事业先后经历了小规模救济式扶贫、体制改革推动扶贫、大规模开发式扶贫、整村推进式扶贫、精准扶贫五个阶段，而在这一历程中，学者们不断总结中国反贫困实践，并在此基础上提出自己的反贫困建议和主张，取得了丰硕的研究成果。第一，对中国共产党五代中央领导集体扶贫思想的阐述和评价。华正学（2012）系统介绍了邓小平的反贫困理论体系。文建龙（2013）对四代中央领导集体的扶贫理论进行了评述，指出，在四代中央领导集体的不懈努力下，中国的扶贫理论不断得以完善和发展，为中国的减贫工作作出了巨大的贡献。王辉（2015）指出，习近平精准扶贫思想和共建人类命运共同体给中国扶贫工作赋予了新的内涵和挑战。第二，对以往扶贫实践的总结。刘娟（2009）认为，在我国长期的扶贫工作中，政府注重将扶贫开发和农村改革紧密结合，并充分调动贫困群体的自我发展能力，积极争取社会组织参与扶贫项目。金明亮（2011）认为，长久以来，我国各级政府充分重视扶贫工作，通过定点帮扶、机制创新不断提高扶贫的针对性、扶贫效率和效果。张瀚时（2013）认为，由于注重农民意愿和产业发展相结合、造血和输血相结合、近期目标和远期规划相结合，我国的扶贫工作在过去几十年里取得了令人瞩目的成绩。同时，在相关的文献中，学者们都有一个共识，那就是，充分发挥基层党组织和党员脱贫致富的带头示范作用是我国扶贫工作的一项最为重要的经验。时任联合国可持续发展大会中国筹委会团长的杜鹰总结说，我国几十年扶贫的经验可以用四句话来概括，那就是，政府主导、经济先行、区域带动、自我发展。第三，扶贫路径的研究。汪三贵（1994）认为医疗和教育水平的提升可以有效消除贫困，政府应花大力气改善贫困地区的公共服务水平，使之长期为贫困地区提供服务。马忠玉（2001）提出将开发旅游业作为扶贫的一项重要举措。魏众（2002）概括了有效减贫的三种路径，分别是计划生育、非农就业和移民。陈南岳（2003）指出生态贫困的有效缓解必须依赖生态补偿机制的建立。鞠晴江（2006）认为，道路等基础设施的建设可以有效提高贫困地区居民收入水平，从而为减贫做出贡献。李小云等（2007）认为，应重点分析扶贫资金的投入效率和效果，从而全面了解财政扶贫资金的使用情况。汪三贵（2008）主张通过改进扶贫资金的瞄准方式，提高扶贫资金效果。厉以宁（2010）指出，双向城乡一体化是消除农村土地集体所有制体制障碍的有效手段，有利于全面小康和和谐社会的实现。韩广福（2010）认为，应在发展区域特色产业上下功夫，力求实现经济增长方式的转变和人民生活水平的提高。韦小锋（2013）指出，反贫困不仅意味着经济上的改善，生态文明建设也至关重要。廖艳霞（2014）提出，农村文化建设可以有效唤醒贫困农村地区的文化自觉与自信。吴宗敏和吴宇（2018）认为，中国应迎合全球贫困治理的新问题和新挑战，不断完善反贫困治理结构，努力提高贫困人群的自我发展能力。第四，关于扶贫效率的研究。王碧玉等（2007）建立 C－D 生产函数实证分析了哈尔滨整村推进实施农村财政扶贫的资金绩效。吴睿和王德祥（2010）实证分析了教育与农村扶贫效率的关系。潘经韬（2014）采用灰色关联分析法，实证检验了不同扶贫资金来源的扶贫绩效问题。王韧等（2016）基于 AHP 方法对湖南省农业保险补贴的扶贫效率进行了评价。唐红涛等（2018）选取财政投入和人力资本两个中介变量，利用中介效应模型分析了电子商务对农村扶贫效率的影响。陈银娥和尹湘（2019）选取东中西部的 21 个省份，运用三阶段 DEA 模型评价了普惠金融精准扶贫的总体效率和区域差异。第五，关于精准扶贫的研究。汪三贵和郭子豪（2015）认为由于经济减贫效应的下降，精准扶贫将成为未来扶贫的重要方式。左停（2015）、邓维杰（2014）、唐丽霞等（2015）从不同视角诠释了精准扶贫的含义，现实中可能存在的问题并提出了相应的解决对策。郑瑞强和曹国庆（2015）在精准扶贫和大数据背景下，提出将扶贫方式由普惠型向适度竞争型转变，用以提高扶贫资源配置效率。刘司可（2016）认为，将第三方评估机构检测引入扶贫退出机制评价指标体系中，将有利于实现精准扶贫的公平性。陈辉、张全红（2016）在多维贫困测度基础上，提出能力扶贫等精准扶贫的对策建议。

1.2.3 金融减贫效应研究现状

对于金融的减贫效应，国内外学者进行了大量的探索和研究。通过整理和归纳现有文献发现，学者们普遍认为金融能够实现减贫主要归功于金融减贫本身所拥有的直接和间接两种效应。

1.2.3.1 金融减贫的直接效应

金融减贫的直接效应是指金融服务可以通过资金融通作用使低收入群体直接受益，这种观点已在大量文献中得以论证。格达等（Geda et al.，2006）通过埃塞俄比亚的数据验证得出，金融可以平滑消费，达到贫困减缓的目的。阿科特等（Akhter et al.，2009）运用 54 个国家在 1993～2004 年间的面板数据来分析研究金融发展与贫困减缓二者间的关系。研究表明，金融发展不仅对经济增长有显著的刺激作用，而且能够降低贫困人口比例。他还得出了金融体系保持相对稳定的状态会更加有利于低收入群体的结论。陈银娥和师文明（2010）基于 1980～2005 年的省级面板数据进行分析，指出我国农村正规金融的发展具有减贫效应。姚耀军和李明珠（2014）以 1978～2010 年的时间序列数据为基础展开实证研究。研究发现，贫困地区应享受到金融发展带来的直接红利，减贫效果明显。吕勇斌和赵培培（2014）利用省际面板数据分析探讨了农村金融发展规模的减贫效果和发展效率的减贫效果，发现前者缓解贫困作用显著，而后者则与贫困减缓具有反向作用。

1.2.3.2 金融减贫的间接效应

金融减贫的间接减贫效应会在两个方面得以体现。一方面，金融发展能够刺激经济增长，"涓滴效应"可以使低收入群体从中受益（Dollar and Kraay，2002；姚耀军，2004）。而且，许多学者研究表明，与直接效应相比，间接效应的减贫效果更好（丁志国等，2011；崔艳娟和孙刚，2012）。另一方面，金融发展可以通过调节收入分配缩小贫富差距，低收入群体从中获得更多好处从而更好地发挥金融减贫作用。理论界对于金融发展分配效应的看法存在分歧，得出的结论并不一致。第一种是以格林伍德和约万诺维奇（Greenwood and Jovanovich，1990）为代表的"G－J"假说。他们提出，金融发展与收入分配二者之间呈现倒"U"型的曲线关系。低收入群体和富人愿意为获得金融服务所承担的成本多少直接决定了二者的受益程度。经济低迷时，低收入群体由于金融服务成本负担能力的受限，因此没有多余的资金投放到高收益的生产技术上，穷者更穷，贫富差距进一步拉大。在经济发展水平较高的社会环境下，低收入群体的金融服务成本负担能力提升，他们能够从金融发展中获取更多的好处，积累财富，贫富差距减小。洛伊德·埃利斯和伯恩哈特（Loyd－Ellis and Bernhardt，2000）；松山（Matsuyama，2000）；汤森和上田（Townsend and Ueda，2003）等通过研究发现，金融发展减缓贫困效应呈现出先恶化后改善的趋势。我国学者韩芳（2014）、刘芳等（2015）运用我国省级面板数据及县域面板数据进行分析，得出了相同的结论。第二种是以加洛兰·泽拉（Galorand Zeira，1993）为代表的"G－Z"假说，这种观点认为金融发展具有减贫效用，可以缩小贫富差距。包括班纳吉和纽曼（Banerjee and Newman，1993）；贝克等（Beck et al.，2007）；苏基溶（2009）等在内的许多学者通过实证研究证明了这一假说的合理性。第三种观点则与前两种观点恰恰相反，这种观点认为金融发展并不具有减贫效果，相反，它会使贫困恶化，进一步拉大贫富收入差距。如伽罗雷等（Galor et al.，1993）、兰扬和金盖尔斯（Ranjan and Zingales，2003）、米运生（2009）、田银华和李晟（2014）、吴拥政和陆峰（2014）等学者通过实证研究得出了上述结论。近年来，金融减贫的空间效应在地理经济学的影响下得到了部分学者的关注和研究，但总体来说，这类研究处于刚刚起步阶段，相关文献比较少。如高远东等（2013）研究发现，贫困在财政支农和金融发展两种不同的背景下所受的空间影响有明显差异，金融发展虽然对抑制本省的贫困具有显著的直接效应，但是其空间溢出效应却并不明显；而财政支农的空间溢出效应虽然对抑制邻省贫困作用明显，但是其直接效应却并不显著。张兵和翁辰（2015）通过研究发现，金融发展虽然在短期内对贫困有着直接和间接的抑制效果，但从长远看却会使贫困加剧。

1.2.4 普惠金融减贫的研究现状

普惠金融减贫的相关研究近些年成果丰硕，且研究内容集中在减贫效应和作用机制两个方面。克莱森和费恩（Claessens and Feijen，2006）研究表明，小额信贷、微型金融等普惠金融服务活动的增加，使低收入群体能够直接享受到更多的金融服务，减少贫困。古利（Gulli，1998）系统全面分析了嵌入在普惠金融下的贫困减少影响机制，他认为普惠金融可以通过增加购买力、提高经济活动效率、提高抵御风险能力、提升个体自尊心和自我激励四种途径来缓解贫困人群的贫困问题。今井（Imai，2008）得出，微型金融对于减轻孟加拉国的贫困具有重要贡献，40%的贫困降低都应归功于微型金融。在印度，降低家庭的贫困程度可以通过获取微型金融贷款来实现，并且当微型金融贷款用于农村生产时，其减贫效应最大，而在城镇地区则与之相反。克拉珀（Klapper，2012）在给世界银行的报告中指出，在普惠金融的帮助下，贫困人群开始习惯储蓄和贷款等金融活动，从而获得了利息收入，也解决了其融资难的问题。在我国，学者杜晓山（2006）指出，普惠金融体系将会向更加偏远落后的地区和更加贫穷的弱势群体开放金融市场，并努力建立让社会成员普遍享受的金融体系。钱水土等（2008）对温州农户进行调查问卷分析后发现，可以有效满足农户资金需求的往往是那些以民间借贷、典当、互助社等形式存在的非正规金融。尹学群（2011）研究表明，普惠金融能够促进农村人力资源的非农转移和帮助农民增收，从而带动整个农村经济实现高质量发展。罗斯丹等（2016）通过门槛回归模型测算得出，普惠金融减贫存在着明显的门槛特征，人均收入水平越高，减贫效应就愈强，二者表现出同方向变动趋势。李可（2016）则指出，农村地区普惠金融发展水平与其贫困程度呈反向变动关系，也就是说，农村地区普惠金融发展水平随着贫困程度的降低而升高。郝依梅等（2016）认为普惠金融的发展对农村贫困存在直接影响和间接影响两种类型，其中间接影响是指普惠金融通过经济发展以及收入分配等因素间接影响农村贫困。马彧菲和杜朝运（2017）指出，贫困减缓变化的24%可由包容性增长的变化来解释，因此，想要实现贫困减缓，可由普惠金融通过刺激包容性增长而间接得到。黄秋萍等（2017）基于面板平滑转换模型实证研究后发现，贫困程度受经济发展水平的抑制作用显著，即经济发展水平越高，贫困的减缓效应越明显。卢盼盼和张长全（2017）研究表明，两类家庭因是否享受到普惠金融服务而在贫困减缓效应上存在差异。王伟和朱一鸣（2018）强调，如果普惠金融排斥对金融机构的接触，而只将重点聚焦在本地区贫困问题的解决上，会使得资金外流加剧，从而产生显著的致贫效应。顾宁等（2019）利用省际面板数据从发展深度、空间广度及渠道维度三个方面，检验普惠金融减贫的门槛效应、空间溢出效应及渠道效应。研究显示，普惠金融发展对农村贫困的抑制作用随着农村经济发展水平的提升呈现边际效益递增的特点，且对农村贫困减缓表现出显著的空间溢出效应。王江等（2019）从普惠金融的深度、广度和可持续性三个维度构建普惠金融指标体系，并采用熵权法测度普惠金融发展水平，利用空间面板模型和门槛面板模型分析普惠金融发展和贫困减缓的关系。结果显示，普惠金融不同的发展阶段对贫困减缓有不同的作用，普惠金融发展水平较低时阻碍贫困减缓，当达到0.0822时才能有效减缓贫困。韩阳等（2020）研究了我国东部地区普惠金融发展及其减贫效应，结果显示，东部地区普惠金融发展指数呈增长趋势，普惠金融的减贫效应明显。赵丙奇等（2020）评价了中西部地区20个省份普惠金融对精准扶贫的效果，发现总体上呈现向好趋势，但存在明显的地区差异。顾晓安等（2020）运用空间杜宾模型分析了普惠金融对扶贫增收效果，发现普惠金融发展对农村减贫具有显著的正向作用，同时存在明显的空间溢出效应。

1.2.5 国内外研究现状述评

通过对普惠金融、反贫困、金融反贫困及普惠金融反贫困相关文献的梳理，可以看出，在普惠金融研究方面，学者们对普惠金融的概念界定，影响因素，普惠金融的指标选取及普惠金融发展水平评价等内容进行了广泛研究。在反贫困方面，学者们深刻剖析了贫困产生的原因并提出一系列反贫困理论。同时国内外学者致力于减贫机制的研究并提出了相应的反贫困策略。并从经济增长的涓滴效应是否有利于农村减贫；公共财政支出与减贫的关系；人力资本投资与减贫的关系等角度进行了广泛探讨。在金融减贫和普惠金融减贫效应方面重点探讨了金融减贫的直接效应和间接效应。以上研究为本书逻辑框架的构建提供了翔实的参考与借鉴。但是通过分析也可以发现，以往研究还有进一步深入的空间，可以在本书中加以探讨。

第一，从研究内容看，缺乏系统的研究普惠金融与多维贫困减缓的文献。现有金融减贫方面的研究侧重于小额信贷、微型金融这些普惠金融的具体形式，且研究集中于对线性关系的探讨，而缺乏从非线性角度探讨普惠金融的多维减贫效应及其区域差异。另外，缺乏对普惠金融通过何种途径影响多维贫困减缓的系统性研究。当前研究成果没有深入探析普惠金融的减贫机制，尤其是缺乏普惠金融多维减贫机制的实证分析。

第二，从研究指标来看，在普惠金融研究中，现有文献对普惠金融体系缺乏一个全面的认识，大多数的评价指标仅局限于信贷和布局，缺乏转账、保险、证券、互联网金融等方面的指标，这与一般金融发展评价指标相雷同，"普惠"表现不足。另外，贫困指标多是指收入这一一维指标，并没有从社会、生态等多维角度构建农村贫困综合指标体系，因此还不能精准反映农户各方面的需求，从而不能为制定有效的多维减贫政策提供参考。

1.3 研究目标和研究假说

1.3.1 研究目标

本书聚焦于中国农村多维贫困，实证检验农村普惠金融发展的多维减贫效应，多维减贫机制，提出基于农村多维贫困减缓的普惠金融发展路径及发展策略，为中国普惠金融未来发展提供可资借鉴的理论依据。

具体研究目标可表述如下。

（1）以金融、农村金融、贫困与反贫困、金融排斥、普惠金融理论以及金融减贫和普惠金融减贫相关文献为基础，构建普惠金融减缓多维贫困的理论基础。

（2）在多角度分析我国普惠金融发展现状基础上，兼顾指标的科学性和数据的可得性，构建农村普惠金融发展指标体系，测算我国农村普惠金融发展水平，掌握农村普惠金融发展的区域性差异。

（3）在充分了解农村多维贫困状况基础上，鉴于当前我国农村贫困形成的多原因性导致农村贫困表现的多维性，从经济和社会两个维度构建农村多维贫困评价指标体系，对我国农村多维贫困程度进行综合评价，同时梳理国内外普惠金融减贫实践，为后续探索有效的农村普惠金融多维减贫措施奠定现实基础。

（4）探讨农村普惠金融多维减贫的基本原理，从宏观视角实证检验农村普惠金融对总体贫困、经济贫困和社会贫困的减缓效果，验证普惠金融发展能够在一定程度上帮助巩固贫困成果并有效实现多维贫困治理，对本书理论进行实证支持，并为大力发展农村普惠金融提供理论依据。

（5）探讨农村普惠金融多维减贫的直接和间接作用机制，实证检验该作用机制，总结出农村普惠金融到底通过何种途径达到多维贫困减缓的效果。

（6）结合国内外普惠金融减贫实践和实证检验结果，提出基于农村多维贫困减缓的普惠金融发展路径及发展策略，为中国农村普惠金融未来发展提供可资借鉴的理论依据。

1.3.2 研究假说

根据上述研究目标，本书理论上认为普惠金融能够在一定程度上促使贫困减缓，但同时，我国城乡二元经济、金融结构特征明显，普惠金融体系相对滞后，普惠金融发展水平还比较低。在不同的发展阶段，普惠金融对农村多维贫困的影响有可能存在差异，即两者之间很可能不是简单的线性关系，而可能蕴含着某种复杂的非线性关联。此外通过相关文献梳理可以得出，国内外学者普遍认为农村金融可以通过直接作用和间接作用两种途径降低贫困水平，而间接作用主要表现在农村金融发展如何通过影响经济增长和收入分配，从而间接影响贫困减缓。农村普惠金融是普惠金融的一种具体形式，因此本书认为，普惠金融也可以通过经济增长和收入分配间接作用于农村多维贫困减缓，因此提出以下研究假说。

（1）农村普惠金融发展可以有效促进农村多维贫困减缓。农村普惠金融可以从外部向贫困家庭提供他所需要的资本，弥补原有贫困家庭在资源禀赋上的缺陷，从而使贫困家庭突破因投资不足而产生的门槛效应，促使贫困家庭的贫困状况得以改善。

（2）只有农村普惠金融提供的金融服务能有效满足贫困群体需求时，农村普惠金融才会带来正向的减贫效应，且农村普惠金融也可以通过经济增长、收入分配两个方面间接影响多维贫困减缓。

1.4 研究内容和研究方法

1.4.1 研究内容

根据研究目标，本书设计了相互关联的研究内容，共7章。

第1章：绪论。本章阐述了研究背景及意义，对相关文献进行归纳，得出以往研究的不足，在此基础上提出研究目的和研究假说，并介绍研究方法和技术路线。

第2章：相关概念界定及理论基础。本章对普惠金融的内涵、特点、基本构成，贫困的含义、分类、贫困标准及贫困度量等基本概念进行介绍和分析，同时对普惠金融和贫困研究的相关理论进行梳理，通过本章的分析，为后续研究奠定良好的理论基础。

第3章：中国农村普惠金融发展现状及发展程度评价。本章基于普惠金融的基本构成，从微观层面的需求和供给，中观层面的金融基础设施及相关服务，宏观层面的普惠金融政策分析我国农村普惠金融发展现状；设立农村普惠金融综合评价指标体系，并选用变异系数方法确定各指标在普惠金融发展中所占的比重；借助 2009～2019 年相关统计数据，对我国农村地区普惠金融发展程度进行综合测算和客观评价。

第4章：中国农村多维贫困分析评价及国内外普惠金融反贫困实践。本章在分析中国农村多维贫困状况基础上，构建农村多维贫困程度评价指标体系，较为全面地分析和评价我国多维贫困程度。另外，从长期的国内外减贫实践来看，金融扶贫是在参与式扶贫基础上，以培养农户自我发展能力出发，向农户提供符合其需求的金融服务。同时，金融扶贫也是产业扶贫、科技扶贫等扶贫政策得以实施的有效保障。因此，本章梳理国内外普惠金融减贫实践，考察农村地区普惠金融机构的服务支持。

第 5 章：农村普惠金融发展的多维减贫效应分析。本章是本书的核心内容之一。本章首先从理论上分析享受到普惠金融的农户和没有享受到普惠金融的农户在减贫效应上会存在明显的差异，没有享受到普惠金融的家庭会跌入"贫困陷阱"，而享受到普惠金融服务的家庭则会跨越贫困线，实现贫困减缓。在此基础上，基于 PSTR 模型，借助我国 26 个省 2009 ~ 2019 年 11 年的统计数据，从实证角度检验农村普惠金融减贫的非线性关系及其对农村总体贫困，社会贫困和经济贫困的减贫效果。

第 6 章：农村普惠金融发展减缓贫困的作用机制分析。本章是本书的核心内容之二。本章在第 5 章基础上进一步讨论农村普惠金融发展以何种途径作用于农村多维贫困减缓，其内在作用机制和减贫渠道到底是什么。首先从理论角度分析农村普惠金融发展减缓农村多维贫困的直接作用机制和通过经济增长和收入分配而产生的间接作用机制；其次基于中介效应模型，检验农村普惠金融如何通过经济增长和收入差距的中介效应实现减贫目标；另外，收入差距的缩小对于经济增长和贫困减缓具有重要意义。文章利用动态面板模型和 GMM 估计原理进一步验证影响城乡收入差距的人力资本和劳动力转移机制。

第 7 章：研究结论及政策建议。本章是对全书的归纳和总结，在此基础上，结合国内外普惠金融减贫实践和实证检验结果，提出基于农村多维贫困减缓的普惠金融发展路径及发展策略。

1.4.2　研究方法

研究方法的选择对分析问题和解决问题至关重要。本书旨在探讨农村普惠金融的多维减贫效应和减贫机制，提出基于农村多维贫困减缓的普惠金融发展路径及发展策略。为了保证研究的科学性，本书采用以下研究方法。

（1）文献研究法。收集整理普惠金融、贫困与反贫困、农村金融减贫、普惠金融减贫的相关文献资料，了解国内外关于金融减贫研究的最新动态，以期在先前研究者研究基础上有所创新。

（2）理论研究与实践分析相结合。以农村金融理论、金融排斥理论、普惠金融理论为指导，构建普惠金融与农村多维贫困减缓的理论分析框架。此外，总结国内外普惠金融减贫实践，为中国农村普惠金融多维减贫政策的提出提供借鉴和参考。

（3）定性分析与实证检验相结合。对中国农村普惠金融发展状况和农村多维贫困状况进行定性分析，在此基础上，采用多维贫困 A－F 法测算农村多维贫困程度；采用欧式距离的普惠金融发展指数法测度我国农村普惠金融发展程度；采用面板平滑转换模型（PSTR）实证检验农村普惠金融对总体贫困、经济贫困和社会贫困的减贫效果；采用多重中介效应模型检验普惠金融通过经济增长和收入分配所产生的减贫效果；采用面板模型和系统 GMM 估计原理检验影响收入差距的人力资本和劳动力转移机制。

1.5 研究思路和技术路线

1.5.1 研究思路

本书借鉴农村金融理论、金融发展理论、贫困理论和反贫困理论，以及国内外相关研究成果，运用理论研究与实践分析相结合、定性分析与实证检验相结合等分析方法，从我国农村多维贫困状况和普惠金融发展状况入手，实证测算农村普惠金融对多维贫困减缓的作用效果；归纳并实证检验普惠金融对多维贫困减缓的直接和间接作用机制，试图探寻更为完善的农村地区普惠金融多维减贫路径，强化普惠金融的减贫绩效。本书的研究遵循以下研究逻辑：提出问题→现状考察→计量检验→结果讨论→政策建议。

1.5.2 研究的技术路线

本书的研究技术路线如图 1－1 所示。

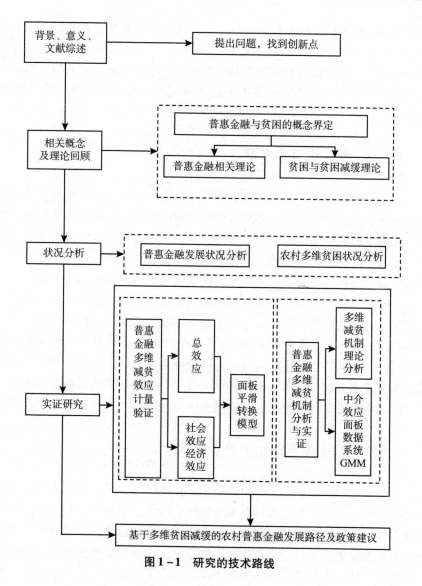

图 1-1 研究的技术路线

1.6 研究创新

1.6.1 研究视角的创新

以往研究往往是从金融发展的广度研究金融或农村金融的减贫效应及

减贫机制，鲜有从金融发展深度研究农村普惠金融多维减贫效应和减贫机制。另外，普惠金融和贫困问题都是当今社会尤为关注的问题。本书将二者结合起来，构建农村普惠金融多维减贫理论分析框架，实证检验农村普惠金融多维减贫效应并总结普惠金融多维减贫机制，在研究视角上加以创新。

1.6.2 研究内容的创新

首先，构建农村普惠金融多维减贫的理论分析框架，系统分析农村普惠金融通过经济增长和收入分配对多维贫困减缓的作用机制，并通过多重中介效应模型对该作用机制进行实证检验。研究更偏重从实证角度解决问题，克服了以往研究中偏重定性分析的缺陷；而且该研究建立了系统的分析框架，将经济增长和收入分配作为普惠金融和贫困减缓的中介变量，使四者之间处于同一系统，更好地说明彼此之间的层级关系和相互之间的作用效果，对当前国内外关于普惠金融发展影响贫困减缓作用机制的研究做相应补充。其次，基于面板平滑转换模型，实证检验农村普惠金融多维减缓贫困的非线性门槛效应。同时，将贫困分为社会贫困和经济贫困，实证检验农村普惠金融对总体贫困的影响效应，对经济贫困的影响效应和对社会贫困的影响效应，丰富了农村普惠金融多维减贫效应的相关研究成果。

1.6.3 指标体系设计上的创新

以往研究中，指标体系的设计更多是从整体层面关注金融和普惠金融的发展情况。本书中基于农村普惠金融的特殊性，指标的合理性和数据的可获得性，选取相应指标构建农村普惠金融评价指标体系，利用这一指标体系更侧重于关注农村普惠金融的发展程度；另外，以往研究中只是从收入这个单一维度来测度贫困，而本书从人类发展角度构建贫困的综合指标体系，全面展现我国农村地区多维贫困状况。

第 2 章

相关概念界定及理论基础

本章对普惠金融的内涵、特点、基本构成；贫困的含义、贫困标准及贫困度量等基本概念进行介绍和分析；同时对贫困理论和金融理论进行梳理。本章工作将为后续研究奠定基础。

2.1 相关概念界定

2.1.1 普惠金融相关概念

2.1.1.1 普惠金融的内涵和特点

在文献综述中，学者们从不同角度对普惠金融的内涵进行了界定，本章基于上述国内外学者的观点，结合本书研究，将普惠金融定义为：普惠金融也可称为普惠制金融体系，是借助于政府的政策、立法和规章制度支持，在平等和"可持续"原则基础上，在可负担成本的情况下，为社会所有阶层和群体提供优质服务的金融体系。普惠金融应具有以下特点：第一，普惠金融是国家正规金融的有机组成部分，作为正规的金融中介，普惠金融机构必须做到资金来源稳定，同时，接受政府的监督和管理；第二，普惠金融不是福利金融或慈善金融，而是商业性金融，其追求的是自身的可持续发展；第三，普惠金融希望借助于创新，实现社会公平。普惠金融的根本目标是通过产品、制度和市场的创新，降低金融机构提供普惠金融服务的成本和风险，为社会所有阶层，尤其是弱势群体提供全面的金融服务，而这需要在微观、中观和宏观层面上进行系统的建设。

2.1.1.2 普惠金融的一般构成

关于普惠金融的一般构成，世界银行扶贫协商小组 CGAP（2004）认为，普惠金融应包括客户、微观、中观和宏观四个层面。在我国，焦瑾璞（2009）也指出，只有将扶贫融资服务融合在金融体系的微观、中观及宏观层面上，才能使原来被排斥的中低收入者获得所需要的金融服务。各层面的关系如图 2-1 所示。

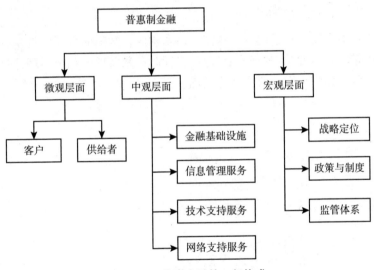

图 2-1 普惠金融的一般构成

（1）客户。客户是普惠金融的核心，客户需求驱动微观、中观和宏观层面的活动。国外早期的文献中，普惠金融中的客户主要包括穷人、弱势群体和低端群体（CGAP，2004，2006），但近年来，其范围扩大到更广泛的领域，如企业和贫穷落后地区。国内文献在探讨普惠金融的服务对象时，往往更倾向于"三农"和经济落后地区，而不仅仅是针对低收入人群。本书将研究领域定义为"三农"。

（2）普惠金融的微观层面—供给者。普惠金融的微观层面—供给者，确切地说就是由谁来提供普惠金融服务。商业银行出于自身利益的考虑，往往排斥弱势群体，不愿意为他们提供金融服务。因此最初的想法是成立新的金融机构替代正规金融，但在实施过程中出现了各种障碍。目前主流的观点是形成多元化、可持续的供给格局，从而满足弱势群体的金融需求。

（3）普惠金融的中观层面。普惠金融的中观层面，本书将其定义为促进普惠金融发展的平台条件。这一平台的建设能够使金融服务的提供者降低交易成本，扩大服务规模；使金融服务的需求者提高金融意识。一般包括四个方面：金融基础设施、信用管理服务、技术支持服务和网络支持服务。普惠金融中观层面的内容和作用如表 2 - 1 所示。

表 2 - 1　　　　　　普惠金融体系的中观层面的内容与作用

内容	作用
金融基础设施	支付与清算系统
信用管理服务	国际管理、审计、监管、业绩评价等
技术支持服务	专业培训、咨询信息
网络支持服务	政策、业绩监控、金融中介

（4）普惠金融的宏观层面。大量文献研究表明，政府在普惠金融发展中发挥着重要作用。因此，政府理应从经济、政策、法律、监管等角度为普惠金融提供好的发展环境。

2.1.2　贫困相关概念

2.1.2.1　贫困的内涵界定

基于贫困产生的原因，贫困的含义也可以从不同角度加以解释。归纳对贫困的内涵界定，主要有以下三类。

（1）"缺乏说"。"缺乏说"是从"缺乏"的视角来定义贫困。但是在具体内涵界定时，又认为"缺乏"可以分为狭义的"缺乏"和广义的"缺乏"，所谓狭义的"缺乏"仅限于个人和家庭缺乏维持生存的基本必需品。而广义的"缺乏"不但指物质上的匮乏，还包括缺乏社交、娱乐、情感等多个方面。

（2）"排斥说"。"排斥说"认为有些家庭和个人并不是因为不够努力或自暴自弃而导致贫困，而是因为他们被排斥在整个社会之外，无法享受到其应享受的基本权利，从而使其没有机会改变贫困的状态。

（3）"能力说"。"能力说"认为能力匮乏是导致贫困的主要原因，由于某个个人或家庭在获得食物、受教育和医疗保障上的能力受到限制，从而导致其处于贫困状态。

结合上述各种观点，可以看出：贫困是多层面的，它不仅包括物质上的贫困，也包括个体缺失能力，缺少发展机会或在权利上受到不平等待遇，即贫困是多维的。

2.1.2.2　贫困标准

关于贫困线的设定，各个国家、国际组织以及学术界的计算方法和标准各有差异。一般来说，国际上的扶贫标准主要有三种类型，第一种是按总人口的10%、15%或20%的比例来扶持；第二种是按人均收入的一半作为贫困标准；第三种是本国可以按照自身的实际情况来自定义贫困标准（刘奇，2011）。但是，在国际上最有影响力，被大多数国家参照的是世界银行确定的贫困标准。世界银行以最贫困国家的贫困线为基础，并参考其他各国的贫困线，计算出民众的购买力均价并以美元表示，确定每人每日1美元作为贫困标准，后来，为了适应新形势的变化，世界银行分别在2008年和2015年两次调整了贫困标准，分别是人均1.25美元和人均1.9美元。

我国的贫困标准采取世界银行推荐的马丁法并结合中国农村发展实际，在个人家庭支出或收入基础上测算出农村的贫困标准。我国贫困标准的设定大致分为四个步骤：第一步是确定最低营养标准，为每人每日2100卡路里热量；第二步是估计食物贫困线，最低食物线即能达到最低营养标准的食物支出量。第三步是估计出非食物贫困线，即以回归方法计算出最低的衣着、住房、燃料、交通等项目的支出作为非食物贫困线。第四步，用食物贫困线加上非食物贫困线得到总贫困线。

改革开放至今，我国的贫困标准依据收入水平的变化不断调整。中国最早的贫困标准是在20世纪80年代制定的，当时的贫困标准为206元，通常称为绝对贫困标准，也叫致贫标准。1998年，国家又开始测算新的贫困标准，并从2000年起以低收入标准向社会公布。21世纪以来，随着经济发展水平的进一步提高，旧贫困标准的局限性也越来越突出，因此，中国政府再一次提出提高扶贫标准的工作要求。2007年中国共产党第十七次全国代表大会报告指出："着力提高低收入者收入，逐步提高扶贫标准和最低工资标准"。在党的十七大报告指引下，国务院扶贫开发办公室不断调整扶贫标准。2009 年，新的扶贫标准提高至 1196 元，而且不再区分绝对贫困标准与低收入贫困标准。然而，随着我国经济的快速发展，2009 年提出的 1196 元的贫困标准的幅度和增速远远低于同期 GDP 的增幅和增速，因此，2010 年，我国将贫困标准设定为每人每年 2300 元（以 2010 年价格计算）。2014 年，这一标准又提高到 2800 元。国家综合考虑物价水平和其他因素，逐年更新计算标准。按每年 6% 的增长率调整测算，2020 年全国脱贫标准约为人均纯收入 4000 元，折算成人均可支配收入为 10000 元；2020 年后，我国进入以相对贫困为主要特点的新阶段，学者们一方面力图厘清相对贫困人口与低收入人口等不同话语体系的概念和内涵（左停和李世雄，2020[①]；高强和曾恒源，2021[②]）；另一方面，就扶贫标准设计形成了各自的观点。王小林和冯贺霞（2020）认为，2020 年后我国应采用多维相对贫困标准，既要包括反映"贫"的经济维度，也要包括反映"困"的社会维度，还要包括生态环境维度[③]；孙久文和张倩（2021）认为，2020 年后我国应采用多维相对贫困标准，但相对贫困标准应设置为以收入标准为主，多维贫困标准应设置为以教育、健康、社会保障和对外沟通等标准为辅[④]；林万龙和陈蔡春子（2020）则从满足基本生活需求角度出发，采用扩展线性支出系统（ELES）法对我国扶贫标准进行测算和探讨，并建议在 2020 年后引入相对贫困标准，采用"绝对的相对贫困标准"以增强实践的可操作性[⑤]。在实践方面，我国江苏、广东、浙江、山东、四川等省份已经先一步开展了相对贫困治理的探索和实践，采用收入比例法划定相对贫困线，且将人均收入作为相对贫困标准的基数，而不是以居民收入中位数为基数，探索了区别于绝对贫困治理的相对贫困人口识别模式[⑥]。对我国 2020 年后相对贫困标准制定及人口识别提供了宝贵的实践经验和政策参考。

---

① 左停、李世雄：《2020 年后中国农村贫困的类型、表现与应对路径》，载《南京农业大学学报（社会科学版）》2020 年第 4 期。

② 高强、曾恒源：《中国农村低收入人口衡量标准、规模估算及思考建议》，载《新疆师范大学学报（哲学社会科学版）》2021 年第 4 期。

③ 王小林、冯贺霞：《2020 年后中国多维相对贫困标准：国际经验与政策取向》，载《中国农村经济》2020 年第 3 期。

④ 孙久文、张倩：《2020 年后我国相对贫困标准：经验实践与理论构建》，载《新疆师范大学学报（哲学社会科学版）》2021 年第 42 期。

⑤ 林万龙、陈蔡春子：《从满足基本生活需求视角看新时期我国农村扶贫标准》，载《西北师大学报（社会科学版）》2020 年第 57 期。

⑥ 高杨、刘庆莲、张堪玉：《相对贫困标准与人口识别：地方实践与政策启示》，载《经济与管理评论》2022 年第 4 期。

2.1.2.3 测度贫困的指数

（1）传统的贫困测度指数。

①贫困发生率 H 指数。贫困发生率 H 指数是研究从收入水平角度出发，总人口中有多少人位于贫困线以下。其公式为：

$$H = \frac{Q}{N} \tag{2.1}$$

其中，位于贫困线以下人口用 Q 表示，总人口用 N 表示。

H 指数具有明显的优缺点。其计算时所需的数据少，操作简单，且其表达的含义直观明了，因此它成为目前应用最为广泛的贫困衡量标准。但同时，H 指数只是对贫困程度进行粗略的估计，因此它包含的信息量少，不能深入地反映贫困的深度和强度。有时 H 指数存在明显的理论缺陷，其提供的信息可能会误导相应的反贫困政策，如在有限的资源约束下，政府为了降低贫困发生率，更愿意让离贫困线近的人摆脱贫困，而使更需要帮助的最贫困的那部分人群得不到帮助，这种情况的危害性极大。

②贫困缺口率 I 指数。I 指数是用来研究在贫困这一群体内部，其收入差距是多少。其公式为：

$$I = \sum_{i=1}^{q} \frac{z - x_i}{q_z} \tag{2.2}$$

其中，z 代表贫困线，x_i 代表个体收入，$z - x_i$ 代表处于贫困状态的个体其收入和贫困线之间的差距。

与 H 指数相同，I 指数也因为在应用中简单易行，直观明了而被人们广泛接受。但 I 指数的缺陷是在给贫困赋权时采用了等权重的赋权方法（都为1），因此忽略了相对贫困问题。

③FGT 贫困指数。FGT 贫困指数由福斯特·詹姆斯（Foster James），灰乔（Greer Joel），索贝克·埃里克（Thorbecke Erik）在 1984 年提出，其基本表达式如式（2.3）和式（2.4）所示：

$$P_a = \frac{1}{n} \sum_{i=1}^{q} \left(\frac{z - x_i}{z} \right)^a \tag{2.3}$$

$$P_a = \int_0^z \left[\frac{z - x}{z} \right]^a f(x) \, dx \tag{2.4}$$

其中，当 $a = 0$ 时，$P_0 = H$，为贫困发生率（H），反映贫困发生的广度；当 $a = 1$ 时，$P_1 = \frac{1}{n} \sum_{i=1}^{q} \frac{z - x_j}{z}$，为贫困距指数，反映贫困的深度（$PG$）；

当 $a=2$ 时，$P_2 = \frac{1}{n}\sum_{i=1}^{q}\left(\frac{z-x_j}{z}\right)^2$，为平方贫困距指数，反映贫困的强度，是贫困广度（$H$）和贫困深度（$PG$）的补充。

FGT 指数是对 H 指数和 I 指数思想的融合，但 FGT 指数缺乏直觉性，同时没有说明在实际测度过程中的最优取值问题，因此它的应用范围受到了限制。

（2）多维贫困测度指数。随着贫困研究从一维到多维，多维贫困指数的开发也随之演进。目前，较著名的多维贫困指数有 F－M 指数、Watts 多维贫困指数、HDIR 指数、HPI 指数和 MPI 指数。

①F－M 指数。F－M 指数是查克拉瓦蒂等学者（Charkravarty et al.，2005）在 FGT 指数的基础上进一步扩展得到，其数学表达式为：

$$F-M = \frac{1}{n}\sum_{j=1}^{k}\sum_{i\in Q_j}\alpha_j\left[\frac{z_j-x_{ij}}{z_j}\right] \tag{2.5}$$

其中，Q_j 表示 i 在 j 维度上贫困的所有个体数量。

②Watts 多维贫困指数。与 F－M 相同，Watts 指数也是查克拉瓦蒂等学者（2005）由一维指数扩展而得，将其公式为：

$$W-M(X；z_1,\cdots,z_d) = \frac{1}{n}\sum_{j=1}^{k}\sum_{i\in Q_j}\delta_{ij}\ln\left[\frac{z_j}{x_{ij}}\right] \tag{2.6}$$

这里 $\delta_j(\delta_j\geq 0)$ 是 j 维度上受约束的不平等系数。

③HDI 人类发展指数。HDI 指数是联合国开发计划署（UNDP）于 1990 年开发并使用的一种贫困衡量指标。该指数由三项基本指标构成：一是预期寿命，记为 LEI；二是受教育程度，记作 EI；三是生活质量，用人均 GDP 表示，记为 II。这三项指标按照一定的计算方法组成一个综合指标，计算式为：

$$HDI = \sqrt[3]{LEI\cdot EI\cdot II} \tag{2.7}$$

④HPI 人类贫困指数。HPI 人类贫困指数由寿命（l_1）、读写能力（l_2）和生活水平（l_3）三项指标构成（联合国开发计划署，1997），其基本公式为：

$$HPI(l_1、l_2、l_3) = (w_1 l_1^{\beta}+w_2 l_2^{\beta}+w_3 l_3^{\beta})^{\frac{1}{\beta}} \tag{2.8}$$

其中，w_1、w_2、w_3 为相应指标的权重系数，$w_1+w_2+w_3=1$，$\beta(\beta\geq 1)$ 为调剂系数。

⑤MPI 指数。MPI 指数由阿尔基尔（Alkire）和福斯特（Foster）于 2007 年首次提出，该指数构建了一种利用"双临界值来识别贫困的方

法"。构建该指数包括以下三个步骤。

第一步是贫困识别。它又分为单维度贫困识别和多维度贫困识别。

对于个体 i，如果 $x_{ij} < z_j$，则表明该个体在此维度上处于贫困状态。用 Q_j 表示 i 在 j 维度上贫困个体的总量，那么，当所有的 $j \in [1, d]$，都有 $x_{ij} \leq Q_j$ 时，个体 i 在 j 维度上都处于贫困状态。令矩阵 $X = (x_{ij})_{n*d}$，由 X 矩阵可设计元素均为 0 或 1 的剥夺矩阵 g^0，其公式为：

$$g_{ij}^0 = \begin{cases} 1, & x_{ij} \leq z_j \\ 0, & 其他 \end{cases} \qquad (2.9)$$

元素为 1 表示贫困，元素为 0 表示不贫困。

针对剥夺矩阵 g^0，本书再设置一个列向量 $c_i = |h^0|$，表示个体 i 面临的贫困维度总量，M_K 为同时考察 k 维度时识别贫困单位的函数。则 $c_i < k$ 时，$M_K(x_i; z) = 1$；当 $c_i < k$ 时，$M_K(x_i; z) = 0$，即在同时考虑 k 维度时，只有所有 k 维度都处于标准线下才能认定个体 i 为贫困。也就是说，如果考察对象的某一维度低于贫困标准，但只要贫困的总维度个数小于 k，也不会被认定确为贫困对象。

第二步是贫困加总。在维度识别基础上，就可以对维度进行加总，从而得到多维贫困综合指数。

$$M_0(x_i; z) = \mu(g^0(k)) = HA \qquad (2.10)$$

M_0 即为 MPI 的一般表达式，它由两部分组成，一部分为贫困发生率，即 H 指数，另一部分为 A，$A = \dfrac{|c(k)|}{qd}$，表示贫困者的平均剥夺份额。

第三步是贫困分解。MPI 指数的另一个特点是它可以按照地区、性别、民族等不同的属性对贫困进行分解，以获取各组群对贫困的贡献程度。

以维度分解为例，表达式可为：

$$M(d_j; k) = \frac{\sum_{i=1}^{n} c_{ij}(k)}{n_d} = \sum_{j=1}^{n} \frac{\sum_{i=1}^{n} g_{ij}}{n_d} \qquad (2.11)$$

其中，$\dfrac{\sum_{i=1}^{n} g_{ij}}{n_d}$ 为维度的贫困指数，$j = 1, 2, 3, \cdots, d$。

（3）贫困指数的优劣比较。传统贫困指数的缺点是只从收入角度测度贫困，而多维贫困指数则是从多角度、选取多个指标测度贫困，因此其优势明显。不同多维贫困指数的优缺点如表 2-2 所示。

表 2 - 2　　　　　　　　　　　多维贫困指数之间的比较

指数名称	优缺点
Watts 指数	对分配最为敏感，如果是测度以分配为主要维度，非常适用
HDI 指数	该指数计算简单，结果较透明，且容易进行指标之间的比较，因此，适用性广。但人类发展指数包含的三个维度过于片面，同时该指数较难反映出各维度对贫困的贡献度
HPI 指数	偏重于生活方面测算个体或家庭的贫困，且常以问卷调查的形式收集数据；但该指数可操作性差，因为生活水平涉及的范围广，如何做到不遗漏信息，如何给各个指标合理设置权重，都是十分棘手的问题
MPI 指数	该指数简单易懂，且可以明确、具体地识别贫困；运用该指数，能够测算出贫困的强度和贫困深度，且该指数可以测出不同维度的贫困，同时能够将不同地区、民族甚至国家的贫困进行比较

2.2　理论基础

2.2.1　普惠金融相关理论

2.2.1.1　金融发展理论

（1）早期的金融发展理论。对金融发展的系统研究最早可以追溯到 20 世纪五六十年代。其代表人物有格利和肖（Gerry and Shaw）、戈德史密斯（Goldsmith）、帕里克（Parkrick）等。格利和肖（1955）建立了相应的金融发展模式，证明了随着经济发展，金融对经济发展的作用将增强。随后两人还从专业化和分工的角度总结了金融因素在促进经济发展中的作用，指出一国金融体系的运行效率在很大程度上决定了其经济资源的运行效率。戈德史密斯（1968）创造性地提出了衡量金融发展水平的两个指标：金融相关率和金融中介比率，并首次从实证的角度探讨了金融发展与经济增长的关系。帕里克（1966）提出了货币供给驱动的金融发展战略。他认为，在欠发达国家，应该采取优先发展货币供给的政策，在需求产生之前率先发展金融。

（2）金融深化和金融约束理论。麦金农和肖（Mckinnon and Shaw）提出的金融抑制和金融深化理论，标志着现代金融理论的正式形成。麦金农和肖从不同的角度将发展中国家的欠发达归咎于金融抑制。所谓金融抑制，是指政府人为压低利率和汇率，采用信贷配给分配稀缺信贷资金，对金融机构实行非常高的法定准备金率，严格控制金融市场准入等不正当的干预和监管政策，使发展中国家在发展过程中储蓄不足、资金匮乏、金融资源配置低效。最终，它造成了该国金融和经济系统的恶性循环。为此，麦金农和肖提出了金融深化理论。金融深化理论主张发展中国家的经济改革应从金融改革入手，借助市场力量实现利率、储蓄、投资和增长的协调发展。同时，他们还主张实行贸易自由化，理顺税制和正确的政府支出政策，以开拓国内资金来源，促进经济发展。

麦金农和肖的许多理论主张在指导发展中国家经济建设中发挥着重要作用。在许多发展中国家，二元经济结构特征明显，城市金融与农村金融、正规金融和民间金融之间存在二元性。为了逐步消除经济发展的二元性特征，发展中国家致力于推动货币金融改革，因此，20 世纪 70 年代中期，这一理论成为亚洲、非洲、拉丁美洲许多发展中国家实施改革的理论依据。然而，金融自由化改革的实践结果却出人意料，那些改革最为彻底的国家深陷债务危机难以自拔，而那些依据本国国情，没有盲目跟风的国家则成功化解了金融危机。由此，许多学者开始正视金融自由化所带来的负面影响。斯蒂格利茨等学者（Stiglitz et al.，1997）提出了金融约束理论，金融约束理论的核心思想是政府可以通过控制存贷款利率、引入金融市场竞争、限制资产替代等手段，有选择地干预金融领域。其目标是通过政府积极引导金融业，为生产部门和金融机构创造租赁机会。一方面，私营部门可以获得金融支持，实现自身资本积累，培育长期经营的动力；另一方面，政府干预可以使金融机构更好地掌握企业内部信息，避免信息不对称造成的风险损失。简而言之，金融约束就是要消除完全竞争市场所产生的隐患，避免潜在的道德风险和逆向选择，通过金融服务和产品创新来营造稳定的金融环境，充分发挥金融对经济增长的促进作用。

2.2.1.2 农村金融发展理论

（1）农业信贷补贴理论。20 世纪 80 年代，在农村金融理论界占据主导地位的是农业信贷补贴理论。该理论认为，盈利性的商业银行无法对没有储蓄能力，且又承担着投资周期长、风险大、盈利性低等特点的农村居民提供借贷，从而使农村经济陷入资金不足、投资不足的境地。因此，为了摆脱农村贫困，政府有必要从外部注入低息的政策性资金以加速农村经济发展。农业补贴理论在缓解农村融资难方面起到了积极作用。但这一理论的负面影响也日益显现。第一，农村信贷机构因为政府的注资逐渐降低了自我发展的能力。第二，农村信贷利率在政府的强制干预下往往较低，农村信贷机构为了自身利益的考虑使农村资金大量外流。第三，在该理论指导下，金融贷款机构往往忽视对贷出资金使用的跟踪监督和风险管理，这样加大了不良贷款的发生，阻碍了金融机构贷款业务的可持续发展。第四，农村贫困户并不是低利率信贷补贴的受益人，这种低利率信贷被农村中的强势群体利用各种手段和方式获取，滋生各种腐败，甚至严重影响邻里关系和乡村和谐，严重扭曲农村金融环境。农业信贷补贴理论出现的诸多问题使批评该理论的声音越来越大。随后，农村金融市场理论逐渐成为指导农村金融发展的主要理论。

（2）农村金融市场理论。农村金融市场理论认为，造成农村资金短缺的根本原因是政府人为地压低利率，因此，利率应由市场来决定，使金融机构能够有能力补贴其经营成本，使其具有经营动力，并负责起对贷款资金的管理责任，从而使农村金融机构可持续性发展。农村金融市场理论代替了农业信贷补贴理论，它强调了市场化在农村金融改革中的重要作用，但在运行过程中，由于融资成本高，且农户缺乏贷款抵押等因素，反而降低了农户和农业企业贷款融资参与度，并不利于农村经济发展。赫尔曼和斯蒂格利茨（Herman and Stiglitz）的金融约束理论也进一步指出，由于市场的不完善，政府有必要干预农村金融发展。至此，不完全竞争市场理论逐渐取代农村金融市场理论并占据主导地位。

不完全竞争市场理论认为，不完全竞争市场和农业补贴论不同的是，它并不是自上而下地干预农村金融市场，而是借助政府的力量防止农村金融市场偏离其发展轨道。在不完全竞争市场理论下，政府在农村金融市场中应发挥如下作用：政府通过财政、税收等手段创造一个低通货膨胀的良好宏观环境，从而保持金融市场的稳定发展。政府基于农村金融市场发展还不成熟的现状，在正常范围内向农村金融市场注入一定量的资金，从而调节农村金融存贷款。政府可通过鼓励借款人成立联保小组或互助合作社等形式，提高农村信贷效率和保证农村贷款资金回收率。政府也可利用互助储金会弥补农村金融机构的信息不对称问题，促进其健康发展。另外加大政府的引导力度，促使农村非正规金融市场逐渐合法化、正规化、使农村非正规金融机构和正规金融机构一起为农村经济建设发挥应有的作用。

2.2.1.3 金融排斥理论

金融排斥（Financial exclusion）是与小额信贷联系但又相对独立的理论。它最早出现于 20 世纪 90 年代初。20 世纪 90 年代，英法等国的资本主义经济逐渐衰退，一些金融组织试图通过关闭其设立在欠发达地区的分支机构来提高资产质量和盈利能力。然而这一举措却导致欠发达地区基本金融服务的状况进一步恶化。以安德鲁·莱肖恩和奈杰尔思·瑞夫特（Andrew leyshon and Nigel Thrift）为代表的研究人员将这种大规模的"金融基础设施退出"（financial infrastructure withdrawal）现象称为"金融排斥"，并开始从金融地理学的角度进行研究。随后，凯普森和维利（Kempson and Whyley，1999）认为，金融排斥除会受到地理因素影响外，还会受到来自主流金融机构提供金融产品服务的附件条件、金融产品价格以及主流金融机构风险评估手段和金融客体自身经历和心理素质等因素的影响，并且他们把这些影响因素定义为条件排除、价格排除、评估排除、营销排除和自我排除。

随着研究的深入，学者们尝试将金融排斥与贫困、金融排斥与社会排斥联系起来进行探讨（Howell and Wilson，2005），研究范围也从发达国家扩展到发展中国家。作为金融地理学、经济学和其他交叉学科的研究领域，金融排斥的内容涵盖排斥的对象、产生排斥的原因、金融排斥对经济和社会的影响程度等问题。如何解决金融排斥，提高金融的包容程度，成为研究所关注的首要问题。这一点正好与建立普惠金融体系的目标相一致。

2.2.1.4 普惠金融发展理论

普惠金融理论源于斯蒂格利茨的"不完全竞争市场论"，其目的是在金融市场化和政府干预中寻求一种平衡。在金融扶贫过程中，政府、金融机构、贫困户之间往往沟通不畅。一方面，政府和帮扶对象之间存在帮扶错位和帮扶不精准的问题，从而造成金融资源浪费；另一方面，金融机构和贫困户之间，由于信息不对称，出现金融机构不愿帮扶的情况。金融机构出于盈利和规避风险考虑，更倾向于向富人和大中型企业提供金融服务，更愿意在发达地区设立金融网点，而将城市贫民、小微企业和农户等弱势群体和弱势产业排除在现有金融体系之外。这部分人无法正常享受金融服务带来的便利，无法分享金融发展成果，从而使其无法应对风险或错失投资机会，进而陷入更加困难的境地。普惠金融重点在于覆盖贫困农民、小微企业、城镇低收入人群等重点服务对象，推动大众创业、万众创新以及产业转型升级，实现社会公平和谐（孔祥智，2011）。

2.2.2　贫困与反贫困相关理论

贫困理论是研究贫困产生的原因以及相应解决贫困问题方法的理论。从历史发展角度看，贫困理论研究可分为传统贫困理论研究阶段和现代贫困理论研究阶段。

传统贫困理论研究阶段的大致时间是工业化初期至 20 世纪 50 年代，由于资本被大量聚集在资本家手中，使得劳动者陷入贫困。因此古典经济学和发展经济学的诸多学者从资本角度解释贫困问题。马尔萨斯（Malthus）、马克思（Marx）、纳克斯（Nurkse）、纳尔逊（Nelson）、缪尔达尔（Myrdahl）等学者提出的理论在这一阶段最具代表性。

现代贫困理论研究阶段开始于 20 世纪 60 年代，这一时期，由于早期减少贫困策略的失败，人们开始意识到导致贫困的根源并不单单是缺乏物质资本，研究人员从更广阔的视角，如人力资本和权利，深层次探讨贫困产生的原因。形成了著名的人力资本贫困理论和权力贫困理论。

2.2.2.1　马尔萨斯的人口增长理论

马尔萨斯是历史上最早系统研究贫困的学者，他在其 1798 年出版的《人口原理》和 1803 年出版的《人口原理》的修改版本中系统阐述了其贫困理论。他认为，从长期看，由于土地报酬率递减规律的作用，人口按几何倍数增长，而食物等生活资料则按算数基数增长。因此，当人口增长超过食物等生产资料增长时，就会带来粮食缺乏、贫困和饥饿。由此他提出，抑制人口增长是消除贫困的根本途径，而节育、晚婚，或通过战争、饥荒等方式都可以使人口增长得以抑制。

2.2.2.2　马克思的制度贫困理论

与马尔萨斯从表层人口与物质的关系探寻贫困产生的原因不同。马克思是第一个从制度层面揭示贫困根源的人。马克思认为，资本主义制度下的劳动关系是无产阶级贫困的根本原因。在这种劳动关系下，资本家无偿占有劳动群体所创造的剩余价值，从而使劳动群体越来越贫困。因此，马克思认为解决贫困问题的根本出路是以暴力推翻资本主义制度。另外，马克思还解释了工人阶级的绝对贫困和相对贫困，指出绝对贫困是指工人除自己的劳动能力外一无所有，而相对贫困则是指当全部产品被分配时，工人获得的份额与资本家所占的份额相比是非常小的，从而使工人处于贫困状态。在资本主义社会中，社会的不平等造成了资本家和工人之间的经济不平等，同时，经济不平等加剧了社会不平等。①

2.2.2.3　纳克斯的贫困恶性循环理论

罗杰·纳克斯认为，就资本供给而言，发展中国家的人均收入普遍太低，大部分收入用于消费支出，很少用于储蓄，这意味着储蓄能力较低。储蓄能力低会带来一系列不良后果，如无法有效形成资本，从而无法提高产量和收入，周而复始，恶性循环。另外，发展中国家又存在收入水平低，消费能力弱的问题，这也会带来一系列恶果，如无法形成有效需求，生产规模小，劳动生产率低，从而导致低收入，低产出。两方面的共同作用，使发展中国家陷入"贫困陷阱"。因此纳克斯提出各部门均衡增长，实现脱贫。②

2.2.2.4　缪尔达尔的循环累积因果关系理论

缪尔达尔指出，互为因果循环的多种因素共同积累从而形成了贫困，其中，资本形成不足是最重要的方面。在不发达国家，一方面，生活水平低导致居民营养不良、教育水平低、医疗卫生条件恶化；另一方面，低水平的教育又导致劳动者无法提高自身素质，无法提高劳动生产率以保证高产出和高收入。发展中国家无法摆脱低收入和贫困的累积循环。由此，缪尔达尔提出以发达地区的率先发展辐射带动不发达或欠发达地区，从而促进减贫。③

2.2.2.5　舒尔茨的人力资本理论

人力资本理论由舒尔茨首先提出。他认为，完整的资本不仅包括物质资本，还包括人力资本。固然，先进的机械设备对提高劳动生产率起着重要作用，但不可否认的是，单位劳动中知识技术存量的增加也是提高劳动生产率的重要因素，更不用说先进的设备和技术必须由具备一定知识和技

①②③　杨国涛：《中国西部农村贫困演进与分布研究》，中国财政经济出版社 2009 年版。

能的工人去掌握它。因此，舒尔茨指出，贫困的根源在于人力资本的匮乏。在此基础上，舒尔茨指出，教育、健康水平等人力资本的提升是发展中国家最重要的减贫方式。[①]

2.2.2.6　阿玛蒂亚·森的权利贫困理论

继舒尔茨之后，学者阿马蒂亚·森建构了著名的"权利贫困"理论。他认为，贫困群体之所以贫困，是因为他们没有享受到平等的社会权利。因此森指出，社会应让贫困群体拥有一定的经济条件，保证他们自由地享受政治权利，给他们提供发展的机会，将社会公共事务对他们透明并给予他们适当的保护，从而使贫困群体逐渐摆脱贫困。[②]

[①]　周彬彬：《向贫困挑战：国外缓解贫困的理论与实践》，人民出版社 1991 年版。
[②]　［印］阿马蒂亚·森：《以自由看待发展》，任赜、于真译，中国人民大学出版社 2013 年版。

第 3 章

中国农村普惠金融发展
现状及发展程度评价

本章基于普惠金融的基本构成，从微观层面的需求和供给，中观层面的金融基础设施及相关服务，宏观层面的普惠金融政策分析我国农村普惠金融发展现状；设立农村普惠金融综合评价指标体系，并选用变异系数方法确定各指标在普惠金融发展中所占的比重；借助 2009～2019 年相关统计数据，对我国农村地区普惠金融发展程度进行综合测算和客观评价。

3.1 农村普惠金融发展现状分析

3.1.1 农村普惠金融需求现状

3.1.1.1 农村普惠金融需求主体

我国普惠金融需求主体是在我国农村经济体制的三次重大变革中不断孕育产生的。20 世纪 80 年代初期的家庭联产承包责任制（第一次变革）重塑了农村经济组织微观基础，确定了农户家庭的主体地位，极大地解放了农村生产力；20 世纪 80 年代以来乡镇企业的发展（第二次变革）实现了农村剩余劳动力向第二、第三产业的转移，进一步解放了农村生产力；而第三次变革则使得农民专业合作社、家庭农场、种养大户和农业产业龙头企业等新型农村经济组织不断壮大。由此，各种类型的农户、农村企业就构成当前主要的普惠金融需求主体。

在普惠金融服务需求类型上，储蓄、借贷、汇兑、票据承兑、支付结算、农业保险等需求占有不同份额。其中储蓄、贷款需求的增加远超其他金融服务需求的增加，占据主要地位。同时，由于互联网技术的不断发展，使得农村普惠金融需求发生了重大变化。

3.1.1.2　储蓄需求现状

在我国，无论是城市居民还是农村居民都有较强的储蓄习惯。一般来说，储蓄水平会随着收入水平的提高而提高。2009~2019 年我国农村居民人均可支配收入由 4761 元上涨到 16021 元①，而人均储蓄存款由 3301 元上涨到 13204 元②。2012~2021 年，我国农村居民人均可支配收入和人均储蓄存款大幅上涨，且从增速来看，人均储蓄存款增速明显快于人均纯收入的增速。反映出我国农村有旺盛的储蓄需求。

3.1.1.3　借贷需求现状

农户和农村企业对贷款需求具有不同用途。

（1）农户借贷需求现状。我国是一个农业大国，农户数量庞大，是农村生产和生活的基本单位，随着新农村建设和农村经济的不断发展，农户在收入增加的同时，其消费和固定资产投资也在快速增长，农户收入中的结余并不多，同时，在农村教育、医疗、养老保障并不完善的情况下，农户对普惠金融的借贷需求也将不断提升。图 3-1 反映了 2009~2019 年我国农村信用社人均贷款的变化趋势③，可以看出我国农村借贷需求呈现出逐渐增长的趋势，说明我国农村有强烈的借贷需求。

另外，农户对资金的需求主要集中在生产需求和生活需求两个方面。赵羽（2014）在对内蒙古农户借贷资金需求的调查中发现，不同收入层次农户的借贷用途存在明显的差异。低收入农户借贷主要满足子女教育、建修房屋和生产资料等基本的生产和生活用途。中等收入农户借贷主要满足

---

① 资料来源：中国统计年鉴。需要说明的是由于从 2013 年开始，国家统计局正式实施了城乡一体化住户调查，统一发布全体居民可支配收入和按常住地区分的城乡居民可支配收入。同时，为了满足政策制定的需要，在"十二五"期间仍推算发布农村居民纯收入，但自 2016 年开始，不再推算发布农村居民纯收入。因此 2009~2012 年数据为农村居民纯收入。

② 资料来源：由于农村储蓄存款可定义为农村居民把暂时闲置的货币存入农村信用社的一种信用活动，因此该数据通过将 2009~2019 年中国金融年鉴中得出的中国农村信用社存款余额除以当年农村人口数得到。

③ 资料来源：该数据通过将 2009~2019 年中国金融年鉴中得出的中国农村信用社贷款余额除以当年农村人口数得到。

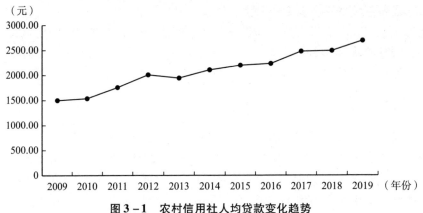

图 3-1 农村信用社人均贷款变化趋势

数据来源：根据历年《中国金融年鉴》整理。

做小生意、建修房屋和购买生产资料等生产经营和发展型用途。高收入农户借贷主要用于办加工厂、特种种养和建修房屋，其借贷已向经营和发展型用途转变。因此，随着农户收入水平的提高，其借款用途逐步从生活消费向经营和发展型借贷转变，借贷资金的需求量会不断上升[①]。

（2）农村企业借贷需求。农村企业是农村经济的重要支柱和国民经济的重要组成部分。党的十九大报告指出，我国实施乡村振兴战略，农业农村农民问题是关系国计民生的根本性问题，必须始终把解决好"三农"问题作为全党工作的重中之重。大力发展农村中小企业对解决"三农"问题，发展农村经济、加快推进农业农村现代化进程具有积极作用。随着我国农村经济的发展及市场的日渐开放，农村中小企业借助自身的独特优势迅速发展，但成长过程中存在资质欠佳、规模小、经营累计资金不足、缺乏抵押担保物以及管理机制不规范、经营诚信度低等诸多问题，导致银行对其信用产生顾虑，得到金融业的融资难度系数较高。农村中小企业资金来源主要依靠企业经营资金积累及民间担保贷款机构借贷，无法满足中小企业发展所需的资金需求。此外，民间融资机构作为农村中小企业融资的有效途径，虽存在手续简单便捷等特点，但由于缺乏有效的政府监管，农村中小企业对其未知风险望而却步。"融资难"仍然是制约农村企业快速发展的核心因素。可见，农村企业有着强烈的融资需求。

① 赵羽：《需求抑制、供给抑制：转型期的农村金融研究——以内蒙古农村牧区为例》，中国农业大学博士学位论文，2015年。

3.1.1.4　以农业保险为主的其他需求现状

随着农村经济的发展，农村居民的金融需求除贷款和储蓄外，其对保险、理财等创新性产品的需求也逐渐增加。我国是农业大国，农村人口占全国人口的 80% 以上，农民可以通过保险保障其未来的养老、医疗等方面的需求，因此保险需求具有巨大的市场潜力。由于农业固有的不确定特点及农民缺乏对市场波动的预测能力，农业保险已成为其避险的主要方式，对其需求也会逐渐增多，农村保险必将呈现快速增长趋势。除了保险需求外，由于银行存款利率低，且农村居民投资渠道少，风险承受能力弱，因此许多农村中等收入家庭当有现金结余时，通常会购买理财产品，从而达到在较低风险状态下获取高于存款利息的收益。随着农村对外经济交流的加强，农村劳动力在东西部地区不断流动，他们在赚取收入后，会将其中一大部分收入汇回家乡，其汇兑需求强烈。

3.1.1.5　互联网技术对农村普惠金融需求的影响

一方面，随着互联网技术的发展，普惠金融能够利用大数据及移动互联网等数字技术、收集海量用户数据，从而精准定位农村金融需求，为农户和农村中小企业提供移动支付、小额保险等更为便利和个性化的金融产品及服务，帮助平滑消费、积累资本、促进投资以及减少风险，最终实现收入的增加和人力资本的提升。另一方面，农户因其具有自身收入低、应变能力弱等特点，为应对未来可能发生的教育、婚丧嫁娶和生老病死等开支而产生的储蓄需求成为最主要的需求项目。随着互联网金融的发展，"余额宝"等具有较高利率的储蓄投资产品逐渐进入农户视野，并因其较高利率和较低的风险受到农户青睐，从而使农户储蓄需求大幅增加。

3.1.2　农村普惠金融供给现状

为满足农村居民普惠金融需要的各类金融机构都属于农村普惠金融机构。农村信用社、商业银行、合作银行、新型农村金融机构（村镇银行、贷款公司以及资金互助社）构成了我国农村普惠金融的供给主体，此外，蓬勃发展的基金、保险、证券、互联网金融业也为农村普惠金融供给注入了新的活力。

由于农村普惠金融发展很大程度上由农村普惠金融机构的发展情况决

定，因此首先分析农村普惠金融机构的网点数、从业人员数及农村普惠金融机构的存贷款情况。在此基础上，分析农村保险、互联网金融业的发展现状。

3.1.2.1 农村普惠金融机构网点及从业人员现状

从总体上来看，传统银行业金融机构不断向农村地区延伸、渗透，乡镇一级银行物理网点覆盖面逐渐扩大。截至 2021 年末，全国乡镇银行金融机构覆盖率达到 98.17%，全国助农取款服务点 81.1 万个。以银行卡助农取款服务为主体的基础支付服务村级行政区覆盖率达 99.6%。2021 年，农村地区助农取款服务点共办理支付业务（包括取款、付款、代理缴费等）合计 4.05 亿笔，金额 3486.8 亿元[①]。新型农村金融机构快速增长，截至 2020 年末，全国组建农村商业银行 1539 家、村镇银行 1649 家，村镇银行 90% 以上贷款投向县域农户和小微企业[②]。这些新型金融机构在给农村金融服务提供重要补充的同时，其发展质量也在不断提高。

从农村金融机构的覆盖范围来看，2019 年，中国农村每万平方公里金融机构网点数和从业人数分别为 95.99 家、1161.12 人；每万人拥有的金融机构网点数和从业人数分别为 1.42 家、17.14 人。这些都好于 2009 年的情况，这表明近年来中国普惠金融发展良好，农村普惠金融机构覆盖面不断扩大（具体情况见表 3-1）。

表 3-1　　　　　2009~2019 年中国农村银行业金融机构
网点和服务人员分布情况

年份	每万平方公里农村金融机构网点数（家）	每万平方公里农村金融机构从业人员数（人）	每万人拥有的农村金融机构网点数（家）	每万人拥有的农村金融从业人员数（人）
2009	85.99	776.80	1.06	9.30
2010	86.13	821.08	1.07	9.99
2011	88.49	822.51	1.09	10.13
2012	89.30	881.27	1.12	11.01

---

①　中国人民银行：《中国普惠金融指标分析报告（2021 年）》，2022 年 9 月 30 日。
②　中国人民银行农村金融服务研究小组：《中国农村金融服务报告（2020）》，中国金融出版社 2021 年版。

年份	每万平方公里农村金融机构网点数（家）	每万平方公里农村金融机构从业人员数（人）	每万人拥有的农村金融机构网点数（家）	每万人拥有的农村金融从业人员数（人）
2013	89.31	930.76	1.13	12.66
2014	89.64	966.68	1.19	12.80
2015	89.90	1012.78	1.20	13.75
2016	91.63	1065.80	1.27	14.64
2017	92.29	1078.84	1.29	14.74
2018	94.94	1091.72	1.30	15.39
2019	95.99	1161.12	1.42	17.14

数据来源：根据各省历年《金融运行报告》计算得出。

　　然而，也应清醒地看到，农村普惠金融机构覆盖范围的改善与普惠金融要覆盖农村全部人口的目标还相差甚远，各项指标都低于全国平均水平，表明我国农村金融机构覆盖率严重不足。另外，中国农村金融机构营业网点及从业人员在区域层面上严重失衡。如表 3-2 所示，2019 年，金融机构营业网点占比和从业人员数占比都是东部最高，西部、中部次之、东北地区所占的比例相对较少，这都影响了中国农村普惠金融的均衡发展。

表 3-2　　　　　　　　2019 年中国农村金融机构区域分布

地区	营业网点			法人机构个数占比（%）
	机构个数占比（%）	从业人员占比（%）	资产总额占比（%）	
东部地区	37.2	43.2	58.4	36.3
中部地区	24.3	20.3	14.7	23.1
西部地区	29.9	24.8	19.4	31.2
东北地区	8.6	11.7	7.5	9.4
合计	100	100	100	100

数据来源：根据各省 2020 年《金融运行报告》整理计算得出。

3.1.2.2　农村普惠金融机构存贷款现状

　　存贷款业务是金融机构最基本的金融服务，也是居民和企业最主要的金融需求，金融机构的供给水平一定程度上由其存贷款的情况来反映，从中也可以反映普惠金融的发展情况。

一方面，近年来，我国农村银行业普惠金融机构存贷款余额明显增加，如图3-2所示。截至2019年末，我国农村普惠金融机构存款余额达到71277亿元，同比增长15%，较2009年增加144%，10年间平均年增速达到9.5%；贷款余额达到55827亿元，同比增长5%，较2009年增加182%，10年间年平均增速达到11.4%。

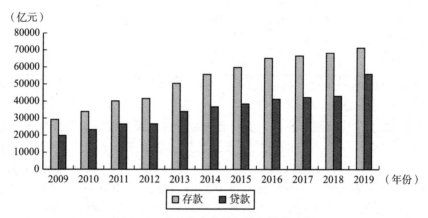

图3-2　农村普惠金融机构存贷款余额

数据来源：根据中国历年《金融运行报告》整理计算得出。

然而存贷款增长难以掩盖城乡金融二元结构特征，这可以从金融机构流向城乡的贷款数据中反映出来。尽管中国农村贷款在2009~2019年间持续增长，但在各项贷款中所占的比重基本保持在20%左右波动，变化并不是很大；而相反，城市贷款占总贷款的比重则占到了80%，表明我国金融机构信贷明显偏向于城市（李建伟，2017）。

另一方面，在农村普惠金融机构贷款中，普惠小微贷款发挥了重要作用。自1999年我国推广小额贷款项目以来，小额贷款表现出强劲的增长势头，较典型的贷款类型主要有以下三种：一是农户小额信用贷款，它以农村信用社为主体，现在较常用的农户联保贷款就属于这种类型；二是通过小额贷款公司或村镇银行发放给农户的小额贷款；三是金融机构在得到政府补贴后，再以补贴的方式为农户提供的小额贷款。数据显示，截至2022年二季度末，普惠小微贷款余额21.96万亿元，同比增长23.8%，其中信用贷款占比19.5%，比上年末高1.4个百分点；上半年新增8132

亿元，同比新增 1375 亿元。农户生产经营贷款余额 7.49 万亿元，同比增长 13.6%；创业担保贷款余额 2602 亿元，同比增长 13.5%；助学贷款余额 1394 亿元，同比增长 12.6%[①]。小额贷款可以有效提升农村普惠金融服务，满足农村地区，特别是农户金融需求，是实现农村普惠金融服务全覆盖的途径之一。

3.1.2.3　农村地区农业保险现状

农业保险可以有效分散农村经营风险，保障农民收入，促进农业、农村发展（聂荣和沈大娟，2016；叶朝晖，2018）。近些年来，农业保险在我国得以迅速发展，目前我国大部分乡镇和全部的县（区）都已覆盖农业保险网点。另外，我国鼓励农业保险的创新发展，引导和激励保险公司开发创新型的农业保险品种，截至 2019 年，农业保险产品已达到 1924 个，其中农产品保险达到 305 类。表 3-3 反映了我国农业保险的相关情况。

表 3-3　　　　　我国农业保险的保险深度和保险密度情况

年份	农业保险保费收入 （百万元）	农业保险密度 （元/人）	农业保险深度 （%）
2009	2764.35	42.31	0.22
2010	6820.03	43.62	0.30
2011	12372.14	44.14	0.39
2012	14603.43	45.36	0.43
2013	13566.25	63.77	0.57
2014	18309.00	64.91	0.62
2015	24589.96	66.73	0.78
2016	32725.35	67.89	0.86
2017	36244.38	73.62	1.00
2018	40471.56	85.06	1.06
2019	41244.83	95.39	1.30

数据来源：根据历年《中国保险年鉴》整理计算得出。

---

① 中国人民银行：《2022 年二季度金融机构贷款投向统计报告》，中国政府网，2022 年 7 月 30 日，http://www.gov.cn/xinwen/2022-07/30/content_5703600.htm。

从表 3 - 3 可以看出，从 2009 ~ 2019 年，我国农业保险的保险收入、保险密度及深度都显著提高，农业保险的发展为我国农业农村发展提供了重要的保障。

3.1.2.4 农村互联网金融及其普惠金融服务现状

金融领域引入互联网技术为我国农村普惠金融打通"最后一公里"提供了强有力的支持。互联网与农业的深度融合，为传统农业生产方式带来了新的转型升级，使得农村居民收入得到提高。具体来说，依据"长尾理论"①，借助于互联网技术的渠道优势、数据优势以及处理信息的能力优势，大大降低了农村普惠金融的服务成本，将农村普惠金融服务延伸到"长尾市场"②，扩大了农村普惠金融的服务范围，最终提升农村居民的金融可获得性。

据统计，截至 2021 年，农村网民规模达到 2.84 亿人，农村互联网普及率为 57.6%，较 2020 年 12 月提高 1.7 个百分点，城乡地区互联网普及率差异较 2020 年 12 月缩小 0.2 个百分点③。另外，随着农村互联网基础设施优化升级，提速降费政策的实施，大力推动了农村移动互联网接入流量的显著增长，农村网络信息服务朝着扩大网络覆盖范围、提升速度、降低费用的方向发展。

以此为契机，传统农村金融机构不断进行普惠化转型。中国农业银行通过线上线下相结合的方式，推出"金穗快农贷""银讯通""E 管家"等一系列具有农村特色的创新金融产品。中国邮政储蓄银行围绕互联网 + 战略，推出服务于农村电子商务的"邮掌柜"互联网金融平台，实现在平台贷款全程线上化操作。农村信用社及其他农村合作金融机构在搭建一体化支付平台后，陆续在平台上开放各类共享式创新产品，如 E 管家、微信 E 服务等。这些传统金融机构依托"互联网 +"进行普惠化升级，将各类金融创新产品及服务延伸到农村地区，为农村金融改革和普惠金融发展贡献力量。

各类电商平台也加大农村普惠金融服务力度。阿里巴巴依托农村淘

---

① 长尾理论：只要产品的存储和流通的渠道足够大，需求不旺或销量不佳的产品所共同占据的市场份额可以和那些少数热销产品所占据的市场份额相匹敌甚至更大，即众多小市场汇聚可产生与主流相匹敌的市场能量。

② 长尾市场：各类需求不旺或销量不佳的产品所共同构成的市场。在长尾市场中，经营的产品都属于非热销品，长期积存在市场中，销售速度缓慢。

③ 中国互联网络信息中心：《第 49 次中国互联网络发展状况统计报告》，2022 年 2 月。

宝，建立蚂蚁金服贷款平台，开展各类普惠金融服务。截至 2017 年，蚂蚁金服累计为 3697 万农村用户提供贷款服务，为 1.3 亿农村用户提供保险保障服务，同时提供缴费、充值等互联网支付服务[①]。宜农贷等 P2P 平台借助其无抵押，门槛低等优点，成为农村不可缺少的资金来源，有效缓解了农村的贷款、融资等难题，从而使农村普惠金融得以长足发展。

3.1.3　农村普惠金融基础设施现状（构建的平台条件）

3.1.3.1　农村征信体系建设现状

农村信用体系建设是缓解农村地区融资难、融资贵，促进"三农"发展的有效途径。各地积极推进农村信用体系建设。通过信用体系建设改善农村金融服务水平，助推普惠金融发展。

各地积极开展农村信用户评定和信用户、信用村、信用乡镇建设，探索开展家庭农场、农民合作社等新型经营主体评价，发展和增进农户等生产经营主体信用。广西田东、湖南麻阳等地在农户信用评价基础上为贫困户量身定制评价授信标准，实现农村信用体系与扶贫信息的有效衔接。与此同时，人民银行持续推动农村信用信息服务平台建设，不断扩展农户信用信息采集覆盖面，逐步纳入新型农业经营主体相关信息，推动农村信用信息共享。截至 2021 年末，累计为全国 1.56 亿农户开展信用评定，同比增长 18.2%；收录新型农业经营主体 162.81 万个[②]。

各地引导金融机构将农户信用评价结果纳入信贷管理中，根据信用等级，给予农户不同的授信额度和利率，为有信用、有市场的农村经营主体提供便捷的金融服务。推动地方政府加大对信用户、信用村镇的支持力度。对信用状况好的农户、扶贫龙头企业、专业合作社等开展财政贴息。由财政出资设立风险补偿基金，补偿金融机构发放小额贷款发生的风险。

同时，各地积极推进金融信用信息基础数据库（征信系统）建设，立足社会融资规模口径，努力实现对金融领域信用信息的广泛覆盖。支持涉农放贷机构通过直接接入、省级平台接入、互联网接入等多种方式接入征信系统，并提供信用信息查询服务。另外，征信系统提供多种信用报告查

---

① 冯什：《互联网金融视角下农村普惠金融发展现状与对策研究》，载《现代商贸工业》2019 年第 24 期。
② 中国人民银行：《中国普惠金融指标分析报告（2021 年）》，2022 年 9 月 30 日。

询渠道，完善异议处理、客户电话咨询服务等措施，为农户提供信用报告查询服务，帮助农户了解自身信用记录。

3.1.3.2　农村支付结算体系现状

支付结算是金融机构提供的一项基础性服务，农村支付结算是农村普惠金融的重要组成部分。完善的农村支付结算体系，有利于改善农村地区支付环境，提高农村普惠金融整体水平，促进农村地区农业经济的健康发展。

为畅通支付结算渠道，改变以往因商业银行农村网点撤并和农村传统支付意识束缚而导致的农村支付结算条件落后现状。金融主管部门制定一系列政策措施，组织涉农金融机构推广适应农村需要的非现金支付工具和终端，延伸支付系统覆盖面，开展支付结算特色服务。同时，农业银行、邮储银行、农村信用社等主要收单机构开通跨行服务业务，提高资源利用率。指导收单机构在风险可控、确有需求的前提下，遴选业务办理规范的服务点开通现金汇款、转账汇款、代理缴费业务，依托助农取款服务网络所聚集的商户资源、资金结算流水，推出 POS 流水贷、零钞兑换等服务。依托农村养老、医疗、财政补贴、公共事业等代理项目按需发卡，并大力推动"一卡通用"。重点面向农村大户、能人等具有一定经济偿还能力的人发放信用卡或贷记卡，解决资金周转困难。推动发行单位结算卡，促进小微企业、涉农主体的非现金支付。逐步以金融 IC 卡取代磁条卡，提高银行卡账户的安全水平。截至 2021 年底，全国农村地区累计开立个人银行结算账户 48.7 亿万户，同比增长 2.74%，占全国累计开立个人银行结算账户的 35.86%，农村地区银行卡数量 39.2 亿张，同比增长 3.16%，其中借记卡、信用卡和信贷合一卡数量分别为 36.4 亿张、2.8 亿张[①]。

3.1.4　农村普惠金融宏观环境现状[②]

为支持普惠金融发展，国家有关部门不断推进农村金融机构改革，完善农村金融政策扶持体系。

---

① 中国人民银行：《中国普惠金融指标分析报告（2021 年）》，2022 年 9 月 30 日。
② 中国人民银行农村金融服务研究小组：《中国农村金融服务报告（2020）》，中国金融出版社 2021 年版。

3.1.4.1　普惠金融机构改革方面

商业银行"三农"普惠金融事业部改革持续推进。农业银行"三农"金融事业部实行单独的管理机制，对"三农"重点领域信贷支持力度明显加大；建设银行设立乡村振兴金融部，截至 2020 年末设立县域网点 4266 个；工商银行设立小微金融业务中心；中国银行和交通银行设立普惠金融事业部；邮储银行进一步优化"三农"金融事业部机构和职责；开发性、政策性银行强化公司治理，提升金融服务水平；农村信用社改制加快推进。截至 2020 年末，北京、天津、上海、重庆、安徽、湖北、江苏、山东、江西、湖南、浙江和广东 12 个省（直辖市）已全面完成农村信用社改制工作。经过多年努力，农村商业银行以产权改革为核心，机构资本和经营实力得到增强，现代公司治理架构从无到有。

3.1.4.2　普惠金融政策、法规和监管

一是积极发挥货币政策工具的引导激励作用。继续实施普惠金融定向降准，对服务县域的农村金融机构继续执行最优惠的存款准备金政策，继续落实中国农业银行"三农"金融事业部优惠。适度下调支农、支小再贷款、再贴现利率水平，规范完善支农、支小再贷款管理，提高支农、支小再贷款、再贴现政策普惠性。优化运用扶贫再贷款发放贷款定价机制，引导金融机构增加贫困地区信贷投放。持续释放贷款市场报价利率（LPR）改革红利，推动企业贷款利率明显下行。2020 年以来，为支持疫情防控和复工复产，人民银行先后设立 3000 亿元专项再贷款，支持防疫，保供重点企业；设立 5000 亿元再贷款再贴现专用额度，支持企业复工复产；增加 1 万亿元再贷款再贴现额度，支持中小银行加大涉农、小微企业和民营企业信贷投放。

二是中央财政坚持农业农村优先发展，确保对"三农"投入力度不断增强、总量持续增加。优化普惠金融发展专项资金使用，综合运用贷款贴息、业务奖励、费用补贴等方式，引导金融资源更多流向小微企业和"三农"主体，提升普惠金融重点服务对象基础金融服务的可得性和适用性。

三是出台差异化的监管政策，发挥考核评估引导作用。要求银行业金融机构单列涉农和普惠型涉农信贷计划，提出涉农贷款和普惠型涉农贷款增量和增速目标，要求农村中小银行机构要将新增可贷资金主要用于当地，存贷比和县域贷款在资产中的占比保持在合理水平。推动银行健全体

制机制，在人员配备、经济资本配置、内部资金转移定价、费用安排以及考核激励方面对普惠、涉农领域予以政策倾斜，专门制定监测和考核农村商业银行经营定位和金融服务能力的一套指标体系。人民银行不断加强对金融机构评估考核督导，持续开展涉农和金融精准扶贫政策效果评估，督促金融机构加大对"三农"、扶贫领域金融支持力度；持续做好小微、民营企业信贷政策导向效果评估工作。

3.2　农村普惠金融发展指数构建

在研究综述中，本书已就国内外学者关于普惠金融发展程度测度的相关文献进行了梳理，通过文献梳理，可以清楚地看到学者们虽然选取不同的指标，采用不同的方法对普惠金融发展程度进行测度，但是其都遵循以下逻辑顺序，即首先确定普惠金融发展指数的相关维度，其次选取具体的指标，最后采用一定的方法确定指标权重并计算农村普惠金融发展指数。本书对农村普惠金融发展程度的评价也遵循这样的逻辑顺序进行。

3.2.1　农村普惠金融发展指数的维度确定

在普惠金融发展指数的维度确定方面，不同学者和组织从不同角度选取其维度体系。萨尔马（2008）在计算普惠金融发展程度时，只涉及了覆盖面和使用度两个维度。而阿罗拉（2010）则涉及了覆盖面、服务易得性、成本三个维度。笈多（2012）将萨尔马和阿罗拉的维度体系进行融合，其维度内容包括覆盖面、使用度、服务易得性和成本四个方面。另外，金融包容联盟（AFI）、金融包容全球合作伙伴组织（GPFI）、国际货币基金组织等社会组织（IMF）的维度设定也彼此相似但各有千秋。金融包容全球合作伙伴组织将普惠金融发展指数的维度划分为使用程度和可获得性两个方面，国际货币基金组织也是从可获得性和使用情况两个维度出发选取相应的指标。我国在构建普惠金融指数时，基本上沿用了国外学者的维度确定方法，一般来讲，都是从使用情况、可获得性、服务质量等方面来划分其维度。如，胡国晖和王婧（2013）从供给方面的金融服务范围和需求方面的金融服务使用两个维度，选取九项指标测度我国普惠金融发展水平并进行区域间的横向比较。焦瑾璞（2015）在对我国普惠金融发展程度进行评价时将普惠金融发展指数的维度划分为可获得性、使用情况和服务质量。王修华等（2016）将维度划分为地理渗透性、产品接触性和使用效用性。张宇和赵敏（2017）从农村金融机构的设置比例、市场份额、农村金融服务的覆盖率和使用情况四个维度出发建立指标，对西部农村普惠金融发展水平进行测度。雷汉云和张喜林（2017）将维度划分为使用基础、使用情况和服务质量。陈志刚和田江惠子（2018）则以萨尔马的渗透性、可获得性和使用性三个维度为基础，建立了代表普惠金融三个维度的六类指标来评价我国 30 个省的普惠金融发展水平。从以上文献可以看出，虽然学者在进行普惠金融发展水平评价时划分的维度和选取的相应指标不同，但是都遵循以下原则，即金融需求者是否能容易地获得金融服务，获得后是否能够很好地使用这些金融服务产品。由此，本书在借鉴前人研究成果基础上，考虑数据的可得性，并结合我国农村的现实特点，从金融服务的广度和深度两个层面，选取农村普惠金融服务获取的便利性、农村普惠金融服务使用情况、农村普惠金融服务贡献率三个维度。

维度 1：普惠金融的可获得性。普惠金融的可获得性就是努力为尽可能多的农村居民提供便捷有效的金融服务，这是普惠金融的基础。从供给角度来看，弱势群体无法获得有效金融服务的根本原因在于弱势群体无法接受高昂的金融产品和服务成本，而农村金融机构的增多可以有效解决这一问题。另外，金融服务人员数量越多，弱势群体越可以通过其提供的信息传递接触到更多的金融产品，也就是说农村金融服务可获得性的强弱一定程度上取决于农村金融机构网点和从业人员数的多寡。

维度 2：普惠金融实际使用情况。普惠金融服务的实际使用情况能更好地衡量金融机构的渗透性和服务。与供给层面相对应，需求层面的金融普惠就是要看金融服务的使用情况，这是普惠金融的核心。相比小额贷款和微型金融，普惠金融涵盖更广，普惠金融应涵盖储蓄、贷款、保险、证券期货等一系列金融服务。然而证券业在我国广大农村地区发展缓慢，其数据资料很难取得，因此，根据数据可得性原则，本书中只涵盖了农村金融机构，农村保险业的相关指标。

维度 3：普惠金融服务贡献率。金融产品是否有效主要取决于金融产品所创造出的效益，效益越高说明金融产品的有效性越强。本书用农村普惠金融的贡献度来反映农村普惠金融对农村经济发展所创造的效益。

3.2.2 选取具体的指标

依据上述对农村普惠金融发展指数各维度的界定，本书选取具体的指标来代表农村普惠金融的发展状况（如表3-4所示）。同时在选取具体指标时，遵循以下基本原则：一是科学性。所谓科学性是指，评价指标的选取必须基于一定的理论且所选取的指标具有明确的含义。二是可比性。可比性原则包含两个层面的含义：即所选取的评价指标既可以用于不同地区之间的横向比较，也可以用于在不同年份之间的纵向对比。另外，为了使评价结果具有可比性，在选取评价指标时要注意评价指标在量纲、计算口径等方面的一致性，从而使评价指标具有普遍的适用性。

表3-4 农村普惠金融发展评价指标体系

维度	子维度	农村普惠金融指标定义		指标性质
金融服务广度	农村普惠金融的可获得性	每万平方公里农村金融机构网点数	农村金融机构网点数/区域面积	正指标
		每万平方公里农村金融机构从业人员数量	农村金融机构从业人员数/区域面积	正指标
		每万人拥有的农村金融机构网点数量	农村金融机构网点数/农村人口	正指标
		每万人拥有的农村金融机构从业人员数量	农村金融机构从业人员数/农村人口	正指标
金融服务的深度	农村普惠金融服务使用情况	农村人均存款水平	农村信用社存款余额/农村人口	正指标
		农村人均贷款水平	农村信用社贷款余额/农村人口	正指标
		农村人均保费收入	农业保费收入/农村人口	正指标
	农村普惠金融贡献率	农村存款占农业增加值的比重	农村信用社存款余额/农业增加值	正指标
		农村贷款占农业增加值的比重	农村信用社贷款余额/农业增加值	正指标
		农业保费收入占农业增加值的比重	农业保费收入/农业增加值	正指标

3.2.3　确定各指标的权重

构建普惠金融发展指数的重点是确定各维度指标的权重。在以往研究中，分别采用专家打分法、层次分析法和变异系数法来确定指标权重。专家打分法过于主观，指标精确度不够，层次分析法虽具有主客观结合的特点，但其因具有主观因素也存在争议。变异系数法简单、可行、客观、科学。因此，本书采用变异系数法确定各指标在其维度中的比重。

用变异系数确定各指标在其维度中所占的比重，其基本步骤是：

（1）分别计算各指标的变异系数。

$$v_i = \sigma_i / \overline{x}_i \tag{3.1}$$

（2）加总求其和，$\sum_{i=1}^{n} v_i$，并得到各指标的权重。

$$w = v_i / \sum_{i=1}^{n} v_i (0 \le w_i \le 1) \tag{3.2}$$

其中，i 项指标的平均数为 $\overline{x}_i$，标准差为 $\sigma_i (i = 1, 2, \cdots, n)$。

3.2.4　构建农村普惠金融发展指数

确定指标权重之后，将指标归一化处理，得到农村普惠金融发展指数。计算公式如下：

$$d_i = \omega_i \frac{A_i - min_i}{max_i - min_i} \tag{3.3}$$

其中，A_i 为实际观测值，min_i 为最不利的观测值，max_i 为最有利的观测值。

由此可知，$0 \le d_i \le w_i$，d_i 越大，则说明普惠程度越高。如果有 n 个衡量指标，则维笛卡尔空间中的点即可表示普惠金融状况。这个空间中的点 $O = (0, 0, 0, \cdots, 0)$ 表示完全金融排斥，而点 $W = (\omega_1, \omega_2, \omega_3, \cdots, \omega_n)$，表示金融达到完全包容程度。

由此，普惠金融发展指数 IFI 可以表示为：

$$IFI = 1 - \frac{\sqrt{(\omega_1 - d_1)^2 + (\omega_2 - d_2)^2 + \cdots + (\omega_n - d_n)^2}}{\sqrt{\omega_1^2 + \omega_2^2 + \cdots + \omega_n^2}} \tag{3.4}$$

在这里 IFI 越接近 1，代表普惠金融程度越高；IFI 越接近 0，代表普惠金融程度越低。

3.3 农村普惠金融发展程度评价

3.3.1 测算结果

计算农村普惠金融发展指数，首先要确定各维度的权重，根据式 (3.1)、式 (3.2)，计算得到每万平方公里农村金融机构网点数 ω_1、每万平方公里农村金融机构从业人员数 ω_2、每万人拥有的农村金融机构网点数 ω_3、每万人拥有的金融机构从业人员数 ω_4、农村人均存款水平 ω_5、农村人均贷款水平 ω_6、农村人均保费收入 ω_7、农村存款占农业增加值的比重 ω_8、农村贷款占农业增加值的比重 ω_9、农业保费收入占农业增加值的比重 ω_{10} 10 项指标的权重，如表 3－5 所示。

表 3－5　　　　　　　　计算 IFI 时各指标所占的权重

年份	ω_1	ω_2	ω_3	ω_4	ω_5	ω_6	ω_7	ω_8	ω_9	ω_{10}
2009	0.073	0.074	0.040	0.043	0.063	0.060	0.260	0.075	0.076	0.235
2010	0.087	0.092	0.038	0.049	0.072	0.068	0.209	0.106	0.102	0.178
2011	0.093	0.099	0.045	0.057	0.069	0.065	0.187	0.116	0.104	0.165
2012	0.098	0.104	0.046	0.061	0.078	0.070	0.193	0.098	0.086	0.166
2013	0.107	0.107	0.051	0.044	0.057	0.054	0.212	0.100	0.090	0.179
2014	0.110	0.118	0.046	0.060	0.060	0.060	0.189	0.109	0.102	0.146
2015	0.117	0.125	0.052	0.065	0.063	0.062	0.170	0.112	0.107	0.126
2016	0.113	0.124	0.051	0.064	0.064	0.064	0.174	0.112	0.109	0.125
2017	0.112	0.123	0.048	0.057	0.071	0.069	0.171	0.113	0.109	0.126
2018	0.109	0.112	0.045	0.062	0.071	0.070	0.181	0.112	0.108	0.130
2019	0.098	0.102	0.041	0.049	0.081	0.081	0.188	0.115	0.107	0.137

结合已确定的权重，本书测算出 26 个省份 2009～2019 年的农村普惠金融指数值，如表 3－6 所示。

表 3 - 6　　　　　2009～2019 年我国各省份农村普惠金融发展指数

省份	2009年	2010年	2011年	2012年	2013年	2014年	2015年	2016年	2017年	2018年	2019年	各年平均	排名
河北	0.17	0.49	0.32	0.30	0.35	0.30	0.30	0.24	0.22	0.24	0.22	0.29	5
山西	0.12	0.21	0.25	0.25	0.17	0.24	0.30	0.28	0.28	0.27	0.24	0.24	9
内蒙古	0.19	0.21	0.27	0.23	0.23	0.36	0.43	0.42	0.40	0.38	0.34	0.32	4
辽宁	0.45	0.22	0.37	0.35	0.35	0.34	0.34	0.33	0.30	0.42	0.44	0.36	3
吉林	0.07	0.16	0.22	0.24	0.28	0.30	0.37	0.34	0.34	0.33	0.32	0.27	6
黑龙江	0.07	0.11	0.10	0.30	0.16	0.29	0.31	0.31	0.27	0.28	0.26	0.22	11
江苏	0.08	0.13	0.16	0.20	0.22	0.26	0.34	0.37	0.37	0.39	0.32	0.26	7
浙江	0.57	0.39	0.36	0.36	0.43	0.37	0.34	0.33	0.35	0.37	0.33	0.38	1
安徽	0.05	0.10	0.15	0.26	0.36	0.31	0.32	0.28	0.22	0.21	0.15	0.21	13
福建	0.06	0.29	0.26	0.26	0.29	0.27	0.29	0.26	0.25	0.24	0.17	0.23	8
江西	0.05	0.09	0.10	0.13	0.20	0.21	0.25	0.22	0.21	0.21	0.15	0.17	19
山东	0.08	0.15	0.18	0.20	0.20	0.24	0.28	0.23	0.21	0.19	0.20	0.20	15
河南	0.04	0.09	0.15	0.13	0.12	0.15	0.16	0.14	0.10	0.08	0.07	0.11	25
湖北	0.06	0.11	0.16	0.17	0.17	0.19	0.24	0.29	0.25	0.28	0.27	0.20	14
湖南	0.11	0.10	0.04	0.12	0.13	0.17	0.18	0.19	0.19	0.19	0.18	0.15	22
广东	0.04	0.34	0.37	0.43	0.43	0.41	0.38	0.39	0.38	0.41	0.37	0.36	2
广西	0.04	0.05	0.07	0.07	0.10	0.09	0.13	0.14	0.16	0.17	0.17	0.11	26
海南	0.03	0.05	0.07	0.10	0.12	0.16	0.22	0.25	0.25	0.24	0.22	0.15	20
四川	0.04	0.22	0.19	0.22	0.12	0.27	0.31	0.30	0.29	0.27	0.22	0.22	12
贵州	0.03	0.10	0.10	0.10	0.13	0.14	0.19	0.21	0.20	0.20	0.19	0.14	21
云南	0.10	0.12	0.10	0.13	0.21	0.20	0.22	0.22	0.23	0.23	0.23	0.18	17
陕西	0.06	0.14	0.14	0.15	0.14	0.19	0.25	0.26	0.25	0.23	0.20	0.18	16
甘肃	0.03	0.08	0.07	0.07	0.11	0.21	0.23	0.24	0.24	0.24	0.22	0.15	23
青海	0.13	0.06	0.05	0.04	0.07	0.15	0.18	0.18	0.18	0.21	0.23	0.13	24
宁夏	0.06	0.11	0.17	0.20	0.19	0.22	0.25	0.24	0.21	0.19	0.14	0.18	18
新疆	0.10	0.18	0.19	0.20	0.17	0.25	0.32	0.32	0.30	0.27	0.24	0.23	10
平均值	0.11	0.17	0.18	0.20	0.21	0.24	0.28	0.27	0.26	0.26	0.23	—	—

省份	2009年	2010年	2011年	2012年	2013年	2014年	2015年	2016年	2017年	2018年	2019年	各年平均	排名
标准差	0.12	0.11	0.10	0.10	0.10	0.08	0.07	0.07	0.07	0.08	0.08	—	—
最小值	0.03	0.05	0.04	0.04	0.07	0.09	0.13	0.14	0.10	0.08	0.07	—	—
最大值	0.57	0.49	0.37	0.43	0.43	0.41	0.43	0.42	0.40	0.42	0.44	—	—

注：省份选取时，由于西藏自治区的统计数据不全，故剔除西藏自治区，另外，本书主要是研究基于省际数据的农村普惠金融指数对贫困的影响，由此，本书也剔除了北京、天津、上海、重庆四个直辖市，选用26个省、自治区（不包括香港、澳门和台湾）的统计数据，进行测算分析。

3.3.2　结果分析

3.3.2.1　计算农村普惠金融指数时，各维度所占的权重有所差异

通过表3-5可以看出，2009~2019年各维度所占的权重有所差异。农村普惠金融服务贡献率所占的权重最高，其次是农村普惠金融服务获取的便利性，所占权重最低的是农村普惠金融服务的使用情况，这说明农业保险对农业生产和农村经济发展具有重要的托底效应，在农村普惠金融发展中发挥着重要作用。现阶段农村金融机构网点数和从业人员数在普惠金融发展中仍占有重要地位，但随着互联网金融的发展，网上银行、手机银行等新型金融工具的出现，其在农村普惠金融发展中的作用会逐渐减弱。农村普惠金融服务的使用效率还不理想，因此，更需要通过观念的进步以及制度建设以促进其使用效率的不断提高。

3.3.2.2　各维度中的各指标在2009~2019年间权重的变化趋势不同

分析计算普惠金融发展程度的各个指标可以发现，农村普惠金融可获得性维度中的四项指标所占权重都是在2015年达到最大值，2015年以后四项指标所占的权重逐步下降；而农村普惠金融服务使用情况维度和农村普惠金融贡献度维度从2009年至2019年一路上升，到2019年达到了最大值。这些数据说明，虽然金融机构的网点分布和人员数量的多寡在现阶段对于农村普惠金融的发展起到主要作用，但随着互联网金融的发展，网

上银行、手机银行等新型金融工具的出现，其在农村普惠金融发展中的作用会逐渐减弱。而同时，我国农村普惠金融服务的使用效率和其所带来的贡献在不断改善，农村普惠金融发展在我国农村经济发展中所做出的贡献不容忽视。

3.3.2.3　近年来，农村普惠金融总体上得以发展，但发展水平仍然较低

由表 3-6 可知，2009～2019 年，我国农村普惠金融发展指数平均值虽在 2016 年后有所下降，但整体呈上升趋势，即便如此，我国农村普惠金融发展水平仍然很低。国际上普遍认为当 0.5 < IFI < 1，普惠金融程度较高；当 0.3 < IFI < 0.5，代表普惠金融程度处于中等水平；当 0 < IFI < 0.3，表明普惠金融发展水平较低。从我国 26 个省份农村普惠金融发展水平的平均值可以看出，从 2009 年到 2019 年，我国农村普惠金融发展水平最好的年份在 2015 年，其农村普惠金融发展指数也只达到 0.28。从计算的 26 个省域分析，2009～2019 年农村普惠金融指数平均值在 0.3～0.5 之间的只有广东、浙江、内蒙古、辽宁 4 个省份，其余 22 个省份的平均值都在 0～0.3 之间，说明我国农村普惠金融发展水平仍然很低。

3.3.2.4　农村普惠金融地区差异明显，但这种差异在逐渐缩小

我国农村普惠金融发展水平区域差异明显。从表 3-6 可以看出，农村普惠金融发展指数平均值排在前十位的省份分别是浙江、广东、辽宁、内蒙古、河北、吉林、江苏、山西、福建、新疆。在这 10 个省份中，除内蒙古和新疆属西部地区外，其他各省份都位于我国经济发达的东部沿海地区。东部沿海在区位、金融基础设施、融资渠道上都具有明显优势，农村普惠金融发展处于较高水平。而新疆和内蒙古之所以位于前十之列，主要是因为其农业保险收入较大的缘故。位于我国中西部地区的贵州、甘肃、青海、湖南、河南、广西 6 省份农村普惠金融发展指数最小。这 6 省份人口基数大，耕地有限，融资渠道狭窄，融资难度大，农村普惠金融发展处于较低水平。但是，从农村普惠金融发展指数标准差的变化趋势来看，标准差从 2009 年的 0.12 下降到 2019 年的 0.08，说明我国农村普惠金融发展的省际差异在逐步缩小。

3.4 本章小结

本章基于普惠金融的基本构成，分析了我国农村普惠金融发展现状。需求方面，随着农村经济的发展，我国农村地区表现出强烈的储蓄、借贷及保险、理财等多种需求。供给方面，我国农村金融机构覆盖情况不断改善，但是与城市相比还存在较大差距，且呈现出明显的区域不均衡状态。金融机构存贷款方面，我国农村金融机构存贷款水平大幅上涨，且小额贷款表现出良好的发展势头，说明小额贷款在农村普惠金融发展中发挥着重要作用，但同时，存贷款水平也表现出明显的城乡金融二元结构特征。另外，在我国的农村地区，农业保险和互联网金融业得到长足发展，农村普惠金融基础设施和宏观环境都得以明显改善，为我国农村普惠金融发展提供了良好的发展平台。

普惠金融研究的关键环节在于如何对其发展水平进行科学的测度与评价。本章在梳理国内外农村普惠金融相关文献基础上，借鉴先前研究者研究成果，从金融服务的广度和深度两个角度，选取农村普惠金融服务获取的便利性、农村普惠金融服务使用情况和农村普惠金融服务贡献率三个维度，并选取 10 项指标，借助于 2009~2019 年的省级数据对我国农村普惠金融发展程度进行评价。在计算过程中，为了能反映农村普惠金融发展中各指标的贡献份额，选用变异系数法确定指标权重。从评价结果看，第一，我国农村普惠金融发展水平整体呈上升趋势，但其发展水平仍然很低，且我国农村普惠金融发展水平区域差异明显，表现出明显的东高、西低、中部居中的区域差异特征。第二，农村普惠金融发展指数各维度所占的权重有所差异，农村普惠金融服务贡献率所占的权重最高，其次是农村普惠金融服务获取的便利性，所占权重最低的是农村普惠金融服务的使用情况。这说明农业保险对农业生产和农村经济发展具有重要的托底效应，因此在农村普惠金融发展中发挥着重要作用。现阶段农村金融机构可获性子维度在我国普惠金融发展中也能够起到主导效应，但随着互联网金融的发展，网上银行、手机银行等新型金融工具的出现，其在农村普惠金融发展中的作用会逐渐减弱。农村普惠金融服务的使用效率还不理想，因此，更需要通过观念的进步以及制度建设以促进其使用效率的不断提高。

第 4 章

中国农村多维贫困分析评价及
国内外普惠金融减贫实践

鉴于我国农村贫困形成的多原因性，贫困成因的变化性，农村贫困表现的多维性等因素，本章在分析农村多维贫困情况基础上，构建农村多维贫困程度评价指标体系，较全面地分析和评价我国农村多维贫困程度。另外，从长期的国内外减贫实践来看，金融扶贫是在参与式扶贫基础上，从培养农户自我发展能力出发，向农户提供符合其需求的金融服务。同时，金融扶贫也是产业扶贫、科技扶贫等扶贫政策得以实施的有效保障。因此，本章梳理了国内外普惠金融减贫实践，考察了农村普惠金融机构的服务支持。

4.1 农村多维贫困分析

4.1.1 多维贫困维度设定

世界银行对于贫困概念的界定是：个体或家庭基本福祉被剥夺。从学术界的研究情况来看，针对贫困的研究已经不再局限于单一维度，越来越多的学者认为贫困不是一维，而是多维的。它不仅体现在经济层面，也体现在社会层面和生态层面。马蒂亚·森（1985）是最早研究多维贫困的学者，他认为贫困是指除收入外，健康、教育、居住等方面能力的不足。钱伯（1995）则认为，影响贫困的深层次因素不只限于收入和支出水平低，还包括诸如教育、健康和营养的缺乏在内的人的发展能力受限以及无话语权、无权无势等诸多影响因素。在我国，一些学者认为教育和医疗卫生保障条件的不健全是导致农村贫困的主要原因（胡鞍钢和李春波，2001；刘海军，2009）；一些学者则强调，导致农村陷入长期贫困的原因不仅包括自然条件、历史和经济因素，还包括农村保障机制缺失、政策偏差以及社会排斥等复杂的社会因素（张新文和罗倩倩，2011；黄江泉，2012；刘颖，2013；杨舸，2017；邢成举和李小云，2019；王小林和冯贺霞，2020）。

本章结合国内外学者相关研究，借鉴苏静（2015），王小林和冯贺霞（2020）在考察多维贫困状况时的维度划分，并考虑数据的可获得性及数据质量，从经济和社会两个维度来考察我国农村多维贫困情况。经济维度主要从农村经济发展水平和发展质量入手，社会维度主要从农村居民生活质量、教育、健康、社会保障方面进行分析。

4.1.2　经济维度贫困分析

2020 年，我国脱贫攻坚工作取得了突破性进展，整体贫困现象得到有效改善，绝对贫困问题已经彻底解决。然而，相对贫困在长时间内将会一直存在，贫困群体返贫概率和返贫风险还很大，主要表现在农村居民收入结构不够合理，省份间、城乡间收入及消费差异较大。《中国农村统计年鉴（2021）》显示，2020 年农村居民工资性收入仅占 41%，这一定程度上说明农村人口的收入稳定性不高；财产净收入占比仅为 2.4%，说明农村居民闲置资金较少或者理财渠道不畅。从省份差异看，上海农村居民人均可支配收入最高，2020 年达到 34911.3 元；甘肃最低，2020 年农村居民人均可支配收入为 10344.3 元，仅为上海市的 1/3。恩格尔系数可以反映居民消费水平，2020 年农村消费水平排在前三名的省份为北京、上海及河南，恩格尔系数分别为 21.5%、26.4%、27.4%，而消费水平排在最后的海南恩格尔系数为 39.6%，与排名靠前省份差距较大。从城乡差异看，2020 年全国城乡居民人均可支配收入及消费水平的绝对差异仍在扩大，2010～2020 年城乡人均可支配收入差距呈现逐年递增趋势，消费水平差距也呈现较为稳定的上升趋势。由此可见，就经济维度贫困来看，我国各省份之间、各区域之间以及城乡之间依然存在较大差距，收入结构不合理、收入水平不均衡问题日益凸显，彻底消除经济维度的贫困任重道远。

4.1.3　社会维度贫困分析

4.1.3.1　农村教育贫困[①]

教育贫困是造成贫困的重要原因，教育扶贫是消除贫困的有效手段。落后的思想和缺乏知识、技能导致贫困。教育是阻止贫困代际传递的根本途径。张全红等（2014）通过研究发现，在我国贫困群体构成中，农村居民长期保持着比较高的比例，收入层面对于贫困的影响逐渐减弱，而教育层面对贫困的贡献正在增加。由此可见，针对农村教育贫困问题展开深入分析对于未来扶贫工作的开展具有重要的指导作用，其不仅与贫困弱势群体的切身利益密切相关，对于整体社会经济的发展也有着极为重要的影响。

随着国家对农村教育资源建设投入的不断增加以及义务教育经费保障机制的实施和中小学学杂费的全面减免，农村居民教育文化水平显著提高，全国农村家庭每百个劳动力中不识字或者很少识字及小学文化程度的人数逐渐减少，而初中及初中以上文化程度的人数逐年上升。2012~2019年，全国农村居民家庭中每百个劳动力中不识字或者很少识字的人数从5.9人下降到5.04人，小学文化程度的人数从32.22人下降到24.8人，初中、高中、中专、大专及大专以上的人数分别增加到55.7人、10.5人、2.84人和3.05人。另外，全国农村居民人均受教育年限从2010年的8.26年上升到2017年的10.73年。表4-1反映了我国农村居民教育文化水平的变化情况。

表4-1　　2012~2019年我国农村家庭每百个劳动力教育程度占比

年份	文化程度					
	文盲、半文盲	小学	初中	高中	中专	大专及以上
2012	8.09	32.22	48.07	9.31	1.83	0.48
2013	7.69	31.14	48.88	9.65	2.02	0.61
2014	7.59	30.63	49.33	9.81	2.09	0.56

[①]　姜姝彤：《普惠金融的多维减贫效应研究》，齐鲁工业大学硕士学位论文，2020年。

续表

年份	文化程度					
	文盲、半文盲	小学	初中	高中	中专	大专及以上
2015	7.39	29.94	50.24	9.68	2.11	0.64
2016	7.46	29.20	50.38	10.05	2.13	0.77
2017	6.87	27.23	52.22	10.25	2.37	1.06
2018	6.65	26.37	52.81	10.52	2.40	1.25
2019	6.34	25.76	52.91	11.01	2.54	1.45

数据来源：根据2012~2019年《中国农村贫困监测报告》整理。

然而，我国教育贫困形式依旧严峻。第一，虽然教育经费支出始终保持着持续提高的状态，但该数据在财政支出所占的比例仍呈现下降趋势。在人口规模不断扩大的背景下，教育经费的投入力度仍然较小，无法满足当下教育发展的实际需要。第二，农村学校数量及教师数量持续缩减。2018年全国农村小学和初中学校数量分别为91000所、14792所，较2017年分别下降了5.2%、3.2%；农村小学和初中专任教师数也在下降，分别减少了109万人、1.2万人。第三，教育公平性有待提升。农村男女劳动力受教育程度差异明显，农村地区女性劳动力中未上过学的占比为11.8%，而男性这一比例仅为3.9%，小学文化程度的女性劳动力占比高于男性，而初中、高中、大专文化程度的女性劳动力占比均低于男性，这反映了我国农村地区教育公平性不足，存在较为严重的性别歧视。

4.1.3.2　农村医疗贫困

健康，是无论贫富民众所享有的基本权利，是衡量整个国家进步与发展的重要标志。健康贫困妨碍了人的自由与发展，影响了社会的公平正义。根据世界银行和世界卫生组织报告，世界上至少有半数人口无法获得基本卫生服务，每年都有大量的家庭陷入贫困，因为他们必须自己负担医疗费用。目前，全球有8亿人将至少10%的家庭预算花费在自己、患儿或其他家庭成员的医疗费用上。中国的卫生系统也面临着健康贫困问题。疾病是导致中国家庭贫困的首要因素，这一状况在农村地区表现得更为突出。近年来，医疗费用的急剧上涨，超出了同期农民收入的增长幅度，农民因病致贫、因病返贫的现象成为一个严重的社会问题。

为解决农村因病致贫问题，政府陆续实施了医疗保险、医疗救助等诸

多政策。2016 年 6 月国家启动"健康扶贫工程",从提高医疗保障水平及
医疗卫生服务能力两个方面提出了扶贫要求,为确保农村贫困人口能够在
2020 年同步进入小康社会提供健康保障。提升农村医疗服务的可及性和医
疗保障水平也是健康扶贫的一个重点。2017 年 4 月,国家卫生计生委等部
门联合制定了《健康扶贫工程"三个一批"行动计划》,该文件指出,
2017 年至 2020 年,对核实核准的患有大病和长期慢性病的农村贫困人口,
根据患病情况,实施分类分批救治,确保健康扶贫落实到人、精准到病。
一系列政策的实施,确保贫困群体能够享受到成本较低的医疗服务,农村
医疗条件不断改善。表 4 - 2 反映了我国农村医疗机构医生数、床位数、
有卫生室的行政村比例以及参加合作医疗基金的农户比例。2019 年农村医
疗机构床位数和医生数分别是 2012 年的 2 倍和 1.25 倍。

表 4 - 2　　　　　　　　2012 ~ 2019 年我国农村医疗卫生情况

年份	卫生状况			
	床位数 (万张)	医生数 (万人)	有卫生室的行政村 比例(%)	参加合作医疗基金的 农户比例(%)
2012	33.4	20.0	74.0	37.7
2013	35.6	20.3	75.6	81.7
2014	40.8	22.1	77.4	87.4
2015	44.5	22.3	79.6	92.1
2016	49.3	23.0	81.5	93.3
2017	51.9	21.6	87.1	94.2
2018	59.8	23.3	92.9	95.7
2019	66.8	25.1	94.5	98.1

数据来源:根据 2012 ~ 2019 年《中国农村贫困监测报告》整理。

然而,在城乡二元结构以及"医保"机制固有缺陷的影响之下,我国
农村医疗制度并未得到有效落实,农村医疗保障水平较低。大部分医疗卫
生支出投向城市,农村更是捉襟见肘。农村地区依靠30%的医疗投资来服
务70%的人口,致使农村卫生机构床位数波动较大,农村卫生技术人员
数、农村执业(助理)医师数和拥有农村注册护士数虽有所增长但增长速
度缓慢,其数值远远低于城镇各项数值。

4.1.3.3 农村生活质量和社会保障贫困

社会保障作为重要的国家制度，在减少收入差距和救助贫困群体方面作用显著。国家精准扶贫政策的实施，使得农村居民生活质量稳步提高，农村社会保障体系逐步健全，参保人数以及基金收支规模都持续提升。

第一，农村居民生活条件得以大幅度改善。住房质量方面，农村居民人均住房面积从 2012 年的 29.13 平方米增加到 2019 年的 46.70 平方米，年均增长 8.6%；居住钢筋混凝土砖木结构住房的农户也由 2012 年的占比 30.34% 上升到 2019 年占比 65.00%。从住宅外道路条件看，农村地区住宅外硬化道路的农户比重由 2012 年的 31.10% 提高到 2019 年的 86.20%。饮水安全方面，主要饮用水来源为安全饮用水的农户比重由 2012 年的 44.20% 提高到 2019 年的 81.60%。卫生设备方面，2019 年，31.70% 的农户使用冲式厕所，较 2012 年增加 10.10 个百分点。47.10% 的农户使用清洁能源，较 2012 年提高 22.00 个百分点（见表 4-3）。耐用消费品拥有方面，2019 年全国农村居民每百户拥有移动电话 261.2 部，比 2013 年增加 61.7 部；百户拥有的彩色电视机 117.6 台，比 2013 年增加 4.7 台；百户拥有的电冰箱、空调分别为 98.6 台和 71.3 台，比 2013 年分别增加 25.7 台和 41.5 台；百户拥有的汽车、计算机为 24.7 辆和 27.5 台，分别是 2013 年的 2.5 倍和 1.4 倍，实现快速增长（见表 4-4）。

表 4-3　　　　　　　　　2012~2019 年农村居住条件

指标名称	2012 年	2013 年	2014 年	2015 年	2016 年	2017 年	2018 年	2019 年
人均住房面积（平方米）	29.13	36.24	37.09	38.12	38.57	39.49	42.15	46.70
钢筋混凝土砖木结构住房比重（%）	30.34	32.30	33.47	44.13	56.70	60.00	64.40	65.00
住宅外硬化道路的农户比重（%）	31.10	35.60	42.30	48.50	53.10	58.00	85.40	86.20
有安全饮用水的农户比重（%）	44.20	50.40	56.50	58.90	66.70	72.90	80.30	81.60
有冲式厕所的农户比重（%）	21.60	22.40	22.90	23.00	23.20	26.30	30.50	31.70
使用清洁能源的农户比重（%）	25.10	27.40	28.30	32.60	36.70	38.50	39.40	47.10

数据来源：根据 2012~2019 年《中国农村贫困监测报告》整理。

表 4 – 4　　　　　2013 ~ 2019 年农村居民每百户年末
主要耐用消费品拥有量

指标	2013 年	2014 年	2015 年	2016 年	2017 年	2018 年	2019 年
家用汽车（辆）	9.9	11.0	13.3	17.4	19.3	22.3	24.7
摩托车（辆）	61.1	67.6	67.5	65.1	64.1	57.4	55.1
洗衣机（台）	71.2	74.8	78.8	84.0	86.3	88.5	91.6
电冰箱（台）	72.9	77.6	82.6	89.5	91.7	95.9	98.6
彩色电视机（台）	112.9	115.6	116.9	118.8	120.0	116.6	117.6
空调（台）	29.8	34.2	38.8	47.6	52.6	65.2	71.3
移动电话（部）	199.5	215.0	226.1	240.7	246.1	257.0	261.2
排油烟机（台）	12.4	13.9	15.3	18.4	20.4	26.0	29.0
计算机（台）	20.0	23.5	25.7	27.9	29.2	26.9	27.5

数据来源：根据国家统计局网站公开数据整理。

第二，农村基础设施明显改善，基本公共服务水平显著提高。截至 2017 年，所有自然村基本实现通电，98.5% 自然村通上了电话，86.5% 的自然村开通了有线电视，宽带覆盖的自然村比例也占到了 71%。而与之相比，2010 年上述各项指标占比分别为 92%、88.5%、69% 和 38.3%。

然而，农村生活条件与农村整体生活状况相比还有很大差距，与城镇更不能同日而语。2019 年，城市的供水普及率为 98.78%，农村则为 80.98%，有 17.8% 的差距；城市的燃气普及率为 97.29%，农村只有 31.36%，相差 65.93 个百分点。从生活质量上看，2019 年，城市和农村每百户家用汽车拥有量分别为 43.20 辆和 24.70 辆，城市是农村的 1.75 倍。从公共服务来看，城市和农村每千人口卫生技术人员分别是 11.10 人和 4.96 人，城市是农村的 2.24 倍。由此可以看出，城乡在基础设施、生活质量和公共服务上仍有很大差距。城乡社会保障体系的不均衡发展，使得农户和城市居民享受到的福利有很大差距，从而加剧了相对贫困。

4.2　农村多维贫困程度评价与分析

4.2.1　评价方法及其权重的确定

4.2.1.1　评价方法选择

近年来，国内外研究者已对多维贫困测算指数进行了深入探讨，比较著名的多维贫困测算指数主要有 F－M 指数、Watts 指数、HDI 指数、HPI 指数和 MPI 指数等。各指数的含义及特点在第 2 章中已经提及，这里不再赘述。在所有的多维贫困程度测算指数中，阿尔基尔和福斯特（2011）利用 A－F 方法构建的多维贫困指数（MPI）使贫困度量的研究进入了一个新的时期，因此本章也用 A－F 法进行农村多维贫困的测度与分析。

4.2.1.2　权重的确定

采用 A－F 法，关键的环节就是权重的选取。从目前研究来看，总体上，权重选取可分为等权重法、熵值综合指数法等。其中等权重法是给指标赋予相同的权重。而熵值综合指数法是一种客观赋权方法，其目标是得到客观的指标权重，该方法基于评价指标的变化程度来确定熵权，利用信息熵计算各指标熵权，然后利用熵权法修正各指标的权值。由于熵值综合指数法按照指标的经济意义和重复程度确定不同指标的权重，因此，本书中采用熵值法来确定多维贫困评价指标体系中各指标的权重。

4.2.2　评级指标体系构建及数据选取

4.2.2.1　评价指标体系的构建依据和相应指标设立

本章结合国内外学者相关研究，借鉴苏静（2015），王小林和冯贺霞（2020）在考察多维贫困状况时的维度划分，并考虑数据的可获得性及数据质量，从经济和社会两个维度选择指标来考察我国农村多维贫困现状。农村多维贫困评价指标体系见表 4－5。

表4-5　　　　　　　　　　农村多维贫困程度评价指标体系

维度	维度组成	指标符号	原始指标或生成指标	指标方向	指标单位
经济维度	发展水平	X_1	农民人均纯收入	正	元/人
		X_2	人均粮食占有量	正	千克/人
		X_3	人均消费支出	正	元/人
		X_4	农村恩格尔系数	反	%
	发展质量	X_5	农业机械化水平	正	千克/公顷
		X_6	人均劳动生产率	正	万元/人
		X_7	耕地生产率	正	千克/公顷
社会维度	生活质量	X_8	人均住房面积	正	平方米/人
		X_9	每百户农户彩电拥有量	正	台/百户
		X_{10}	每百户农户电话拥有量	正	台/百户
		X_{11}	每百户农户摩托车拥有量	正	辆/百户
	教育	X_{12}	15岁以上农村人口文盲、半文盲占比	反	%
	医疗	X_{13}	每千农业人口占有的医疗床位数	正	床/千人
	社会保障	X_{14}	社会抚养比	正	%

4.2.2.2　数据选取

参照表4-5的评级指标体系，本章选取我国26个省（不包括直辖市和西藏自治区）2009～2019年的相关数据对中国农村多维程度进行测算与综合评价。根据熵值法对14个指标进行计算与处理，所有数据处理均采用SPSS16.0计算软件进行。

4.2.3　基于熵值法的农村多维贫困程度评价与分析

4.2.3.1　熵值法评价的基本步骤

（1）建立决策矩阵。假设参与评价的对象集合为 $M = (M_1, M_2, \cdots, M_m$ 指标集合为 $D = (D_1, D_2, \cdots, D_n)$，评估对象 M_i 中指标 D_i 的样本值为 x_{ij}，其中 $i = 1, 2, \cdots, m$；$j = 1, 2, \cdots, n$。则初始决策矩阵可以表示为：

$$I = \begin{bmatrix} x_{11} & \cdots & x_{1n} \\ \vdots & \ddots & \vdots \\ x_{m1} & \cdots & x_{mn} \end{bmatrix} \tag{4.1}$$

（2）决策矩阵标准化。因为评价指标性质不同，其对整体指标影响也不同，因此需要对数据进行标准化处理。在这里将指标分为两类，指标值越大越好的称为效益型指标，按照式（4.2）进行标准化。指标值越小越好的称为成本型指标，按照式（4.3）进行标准化。

$$x_{ij} = \frac{x_{ij} - \min(x_j)}{\max(x_j) - \min(x_j)} \tag{4.2}$$

$$x_{ij} = \frac{\max(x_j) - x_{ij}}{\max(x_j) - \min(x_j)} \tag{4.3}$$

指标标准化处理后，就将式（4.1）转化为标准化矩阵，记为：

$$x = (x_{ij})_{m \times n} \tag{4.4}$$

（3）计算特征比重和信息熵值。通过公式（4.5）和公式（4.6）可得到特征比重和信息熵值：

$$P_{ij} = \frac{x_{ij}}{\sum\limits_{i=1}^{m} x_{ij}} \tag{4.5}$$

$$e_j = \frac{1}{\ln(m)} \sum_{i=1}^{m} P_{ij}\ln(P_{ij}) \left[\text{当 } P_{ij} = 0 \text{ 或者 1 时定义 } P_{ij}\ln(P_{ij}) = 0 \right] \tag{4.6}$$

一般而言，信息熵值越小，提供给被评价对象的信息也就越大。

（4）定义差异系数与确定熵权。计算熵值后，定义差异系数 $d_j = 1 - e_j$，故 d_j 越大，在指标体系中就越重要，熵权也就越大。有 w 表示熵权，则第 j 项指标的权重可以通过式（4.7）得到。

$$w_j = \frac{d_j}{\sum\limits_{k=1}^{n} d_k} \tag{4.7}$$

（5）计算综合指数。利用指标权重 w_j 和各指标的标准化数据 x_{ij}，得到各对象对指标的标准化数据加权值 g_{ij}，即：

$$g_{ij} = w_j \times x_{ij}, \quad (1 \le i \le m, \ 1 \le j \le n) \tag{4.8}$$

再将各层级各对象所对应的相应指标 g_{ij}，通过式（4.9）逐层加总，即可得到评级指标体系的综合指数 G_{ij}：

$$G_{ij} = \sum_{j=1}^{n} g_{ij} \tag{4.9}$$

4.2.3.2　评价结果及分析

根据上述熵值法评价的步骤，首先得到各指标的熵权，如表4－6所示。

表4－6　　　　　　2009～2019年农村多维贫困程度测度指标的权重

指标	2009年	2010年	2011年	2012年	2013年	2014年	2015年	2016年	2017年	2018年	2019年	平均
X_1	0.084	0.075	0.077	0.074	0.076	0.071	0.078	0.077	0.086	0.091	0.083	0.079
X_2	0.088	0.084	0.082	0.082	0.077	0.076	0.074	0.077	0.075	0.065	0.058	0.076
X_3	0.082	0.081	0.077	0.079	0.070	0.072	0.064	0.064	0.080	0.079	0.057	0.074
X_4	0.039	0.039	0.041	0.052	0.029	0.028	0.061	0.034	0.059	0.039	0.036	0.041
X_5	0.079	0.078	0.076	0.089	0.105	0.074	0.072	0.081	0.086	0.089	0.089	0.083
X_6	0.139	0.154	0.170	0.186	0.236	0.242	0.244	0.243	0.181	0.177	0.231	0.200
X_7	0.082	0.080	0.065	0.073	0.063	0.062	0.065	0.052	0.066	0.038	0.059	0.064
X_8	0.086	0.081	0.086	0.087	0.092	0.094	0.095	0.089	0.094	0.110	0.092	0.091
X_9	0.063	0.045	0.048	0.042	0.043	0.047	0.043	0.051	0.072	0.065	0.069	0.054
X_{10}	0.072	0.071	0.074	0.039	0.038	0.044	0.039	0.045	0.039	0.046	0.034	0.049
X_{11}	0.063	0.055	0.057	0.043	0.038	0.037	0.036	0.038	0.041	0.050	0.053	0.046
X_{12}	0.033	0.048	0.030	0.035	0.030	0.039	0.032	0.041	0.039	0.028	0.027	0.035
X_{13}	0.054	0.075	0.077	0.072	0.055	0.061	0.048	0.059	0.037	0.068	0.069	0.061
X_{14}	0.039	0.034	0.039	0.048	0.047	0.052	0.048	0.048	0.048	0.052	0.044	0.045

评价指标的熵权越大，说明该评价指标越重要，对多维贫困程度的影响就越大。从表4－6可知，经济维度中农村居民人均纯收入（X_1）是衡量经济发展水平最重要的指标，平均权重为0.079；人均劳动生产率（X_6）是衡量经济发展质量排名第一的指标，平均权重为0.200；其次是农业机械化水平（X_5），平均权重为0.083；社会维度中，人均住房面积（X_8）和每千农业人口占有的医疗床位数（X_{13}）是权重占比最高的两项指标，平均权重分别为0.091和0.061，表明农村人均住房面积和医疗条件

的便利程度在社会评价指标中的重要程度最大。与此同时，经过进一步研究比较，可以发现在不同年份，同一指标的权重值波动不大，说明在此期间各指标在相应指标维度中的重要程度保持相对稳定。由此可得，立足于经济、社会等多个维度的贫困状况来综合评价农村贫困程度是比较科学可靠的。

根据各指标的熵权，得到 2009～2019 年各省份农村各维度贫困程度综合指数平均值，如表 4－7 所示。

表 4－7　　　2009～2019 年各省份农村贫困程度综合指数平均值

省份	经济维度	排名	社会维度	排名	总体	排名
河北	0.2422	4	0.1583	8	0.4004	7
山西	0.1356	18	0.1459	13	0.2816	15
内蒙古	0.1481	14	0.1062	22	0.2543	18
辽宁	0.2384	5	0.1856	5	0.4240	4
吉林	0.2212	6	0.1421	14	0.3633	8
黑龙江	0.1660	10	0.1320	18	0.2980	13
江苏	0.3680	2	0.2110	3	0.5790	2
浙江	0.4932	1	0.2681	1	0.7613	1
安徽	0.1389	16	0.1268	20	0.2656	17
福建	0.1938	8	0.2251	2	0.4189	5
江西	0.1492	13	0.1612	7	0.3103	12
山东	0.2996	3	0.1701	6	0.4697	3
河南	0.1818	9	0.1347	17	0.3165	10
湖北	0.1600	11	0.1511	10	0.3111	11
湖南	0.1657	12	0.1512	9	0.3168	9
广东	0.2015	7	0.2109	4	0.4124	6
广西	0.0975	21	0.1477	12	0.2452	19
海南	0.0789	23	0.1404	15	0.2193	22
四川	0.1123	19	0.1256	21	0.2379	20

续表

省份	经济维度	排名	社会维度	排名	总体	排名
贵州	0.0469	26	0.0711	26	0.1181	26
云南	0.0716	24	0.0862	24	0.1579	24
陕西	0.0904	22	0.1358	16	0.2262	21
甘肃	0.0707	25	0.0848	25	0.1555	25
青海	0.1040	20	0.0970	23	0.2010	23
宁夏	0.1365	17	0.1485	11	0.2851	14
新疆	0.1421	15	0.1271	19	0.2692	16

　　根据指标定义，综合指数值越大代表贫困程度越小；反之，贫困程度越大。因此，从表 4 – 7 可以看出，农村多维贫困程度综合指数平均值中最大的前 8 个省份都位于我国的东部地区，分别为浙江、江苏、山东、辽宁、福建、广东、河北、吉林，而总体指数最小的省份分别是贵州、甘肃、云南、青海、海南、陕西和四川。这些省份中除海南外，其余省份都位于我国的西部地区。另外，从经济维度和社会维度分析，经济维度和社会维度指数较大的省份位于我国的东部地区，而经济维度和社会维度较小的省份位于我国的西部地区，这表明考察期间农村总体贫困程度以及各维度贫困程度呈现东部最低，西部最高的区域差异。

4.3　国内外普惠金融反贫困实践

4.3.1　国外普惠金融减贫实践

　　国外普惠金融的研究起步较早，因此，在普惠金融减贫实践方面积累了丰富经验。孟加拉国、肯尼亚、巴西等国的成功经验都值得学习和借鉴。

4.3.1.1　孟加拉国—乡村银行和互联网金融减贫

　　由尤努斯教授创立的孟加拉格莱珉银行，由于其较高的还款率和较低的贷款成本，从运行之初就受到国际社会的广泛关注。起初，格莱珉银行以贫困妇女为重点贷款目标，重点资助小手工业和副业项目，信贷的基础是基于联合团体的担保，贷款利率高于同期银行贷款利率但低于高利贷利率。2000 年以后，为了防范风险，该模式开始通过较高的利率吸收存款，同时根据长期储蓄需求设计储蓄产品，从而扩大资金来源；根据借款人的偿还能力，灵活放贷，同时，建立贷款保险计划；确定同一小组无贷款统一上限，逐步发展房屋贷款、特别投资贷款等金额较大的贷款项目，满足业已变化的实际信贷需求；通过整合内部资源，强化会员之间的关系，并通过有效的激励机制，促进借款人积极参加团体活动；通过完善信息的搜集和共享机制，强化组织监督作用。相比较第一代信贷运行计划，第二代信贷运行计划改革了以往僵化的信贷条款，创新了金融产品，增强了激励约束，适当降低了贷款所带来的系统性风险。目前，孟加拉格莱珉银行已成为国际小额信贷发展的缩影和典范，其内部风险管理模式值得小微金融机构借鉴。

另外，2006~2016 年孟加拉国利用数字技术不断降低成本、扩大规模、深化金融服务范围。孟加拉国约有 1.6 亿人口，其中 31.5% 的人生活在贫困线以下，人均国民生产总值 1080 美元，是亚洲最贫穷的国家之一。仅有 29.1% 的成年人能够获得金融机构服务。自 2011 年起，孟加拉国对数字金融服务的监管政策有所改变，允许银行设立提供移动银行服务的子公司，并鼓励该国四家主要的移动网络运营商为移动银行接入它们的网络提供接口。这些政策大大推动了孟加拉国国内数字金融服务的使用。2011 年成立的移动金融服务商 Bkash 公司运营三年即实现盈利，目前用户已达 2100 万，平均每天处理 380 万笔交易。Bkash 公司成为孟加拉国最大、全球第二大移动金融服务公司，它增强了孟加拉国的普惠金融发展，让原来银行服务无法覆盖的贫穷人口也能安全、可靠地享受到基本的金融服务①。

4.3.1.2　肯尼亚——手机银行

地处非洲的肯尼亚，其人均收入位列世界最低水平。不发达的肯尼亚经济，使金融发展水平低下，金融机构分布不均衡，很多人的金融需求得不到满足。但在肯尼亚，有一个现实情况是很多人都拥有手机，在这种背景下，肯尼亚推出了手机支付产品 M‒PESA。该业务使用电子转账方式

---

① 中国人民银行农村金融服务研究小组：《中国农村金融服务报告（2016）》，中国金融出版社 2017 年版。

支付,该种支付方式因具有便捷性、易操作性、成本低等优点而受到当地人的普遍欢迎。目前在肯尼亚,拥有手机银行的代理商远远超过当地银行机构。手机服务充分体现了当地本土环境理念,推动了肯尼亚的金融、经济发展。

4.3.1.3 巴西——非银行代理机构

巴西幅员辽阔,大部分是高原和草原,这导致大型商业银行在全国各地设立分行非常困难。为了克服这一问题,巴西将商店、邮局、超市等发展成非银行代理机构,代替银行提供金融服务。巴西的非银行代理机构覆盖了偏远地区的低收入者,为他们提供低成本的金融服务,从而有效促进了贫困地区低收入者的金融需求热情,推动了国民经济增长。巴西银行代理机构发展模式的成功鼓舞了周边国家如秘鲁、哥伦比亚等国的普惠金融减贫实践。

4.3.2 中国普惠金融减贫实践

自 2006 年我国引入普惠金融概念以来,中国政府和人民通过不断努力和创新,探索出了一条普惠金融减贫的有效路径。

4.3.2.1 组建多元化的农村金融扶贫供给体系

2006 年以来,为了支持新农村建设,中国银行业监督管理委员会不断放宽农村金融准入条件,并建立村镇银行、贷款公司和资金互助三种类型的新型农村金融机构。与此同时,2007 年正式成立的邮政储蓄银行以其独特的网络优势逐渐成为我国金融扶贫的又一支主力军。目前,中国农村已经初步构建起政策性银行、商业性银行、新型农村金融机构共同发展的多元化的农村金融扶贫供给体系。

4.3.2.2 发展农村小额信贷扶贫融资新模式

小额信贷是向低收入群体或小微企业提供小额度的信贷服务。1993年,中国社会科学院农村发展研究小组,率先将孟加拉乡村银行模式引入中国农村金融扶贫领域。20 世纪 90 年代末,中国鼓励农村信用社开展小额信贷业务,涌现出一批农村小额信贷企业的典范,如宁夏东方惠民小额信贷公司,湖北福星小贷公司,江苏南京日升隆小贷公司等。这些小额信贷公司在中国经济下行的大背景下，在保持自身经济增长同时，带动规模较小的小额贷款公司不断创新其商业发展模式。

4.3.2.3 调整扶贫贴息贷款办法

扶贫贴息贷款始于 1986 年，它以国家财政为资金来源，其内容是政府以低于法定利率的利率收取贷款利息，国家财政给予金融机构一定的利息补贴，从而实现扶贫的目的。但是，扶贫贴息贷款在抵达贫困人口之前往往被乡村中的"精英"提前截取，因此对于农村贫困人群往往是低效的或者无效的（谢玉梅等，2016）。2008 年，国务院扶贫办公室改革和调整扶贫贴息贷款方式。这项改革不仅给予地方政府扶贫优惠贷款的管理权，而且使贷款利率和到期日更加灵活。

4.3.2.4 进行农村普惠金融制度创新

农村普惠金融制度创新主要包括优化金融扶贫体系，对金融扶贫信贷业务进行创新，同时创新服务模式，将互联网引入金融扶贫领域和创新保险种类等。"多县一行"制度试点、"精准扶贫贷"、应收账款质押、因地制宜地发展贫困地区特色险种、"互联网＋"等都是本次制度创新中涌入的新产品和新模式，为农村普惠金融纵深发展提供了新的思路和借鉴。

4.4　本章小结

本章系统分析了我国农村贫困现状，改革开放 40 多年来，我国农村贫困人口规模、贫困发生率大幅度下降，同时，农村居民居住条件明显改善，农村基础设施建设，公共服务水平显著加强，农村文化水平和医疗条件不断提高。但也应清楚地看到，我国农村贫困的多元化特征凸显，经济、社会等多维贫困相互交织，且不同群体收入差距逐渐加大。

贫困度量是客观评价减贫绩效的前提和基础。对贫困状况的度量不是一件容易的事情，往往存在贫困线的误差和指标体系缺陷等诸多干扰因素。另外，以往文献多是从收入水平高低来反映农村贫困状况，然而现实的贫困情况往往比较复杂。鉴于当前我国农村贫困形成的多原因性，导致农村贫困表现为多维性，需要综合考虑农村贫困的多维表现形式。本章参考国际上通用的多维贫困指数（MPI）并结合国内外学者现有的研究，考虑数据的可获得性及数据质量，从经济和社会两个维度选择指标，用熵值法确定指标权重，计算农村多维贫困指数，以此考察我国农村多维贫困程度。

通过计算可以得到以下结论：第一，经济维度中农村居民人均纯收入是衡量经济发展水平最重要的指标；人均劳动生产率是衡量经济发展质量排名第一的指标，其次是农业机械化水平；社会维度中，人均住房面积和每千农业人口占有的医疗床位数是权重占比最高的两项指标，表明农村人均住房面积和医疗条件的便利程度两项社会评价指标在社会维度评价指标中占有重要地位。第二，农村多维贫困总体指数、经济维度的贫困指数和社会维度贫困指数值排名靠前的省份都位于我国的东部地区，排名靠后的省份，大部分位于我国的西部地区。表明考察期间农村总体贫困程度以及各维度贫困程度呈现东部最低，西部最高的区域差异。

从长期的国内外减贫实践来看，金融扶贫是在参与式扶贫基础上，以培养农户自我发展能力出发，向农户提供符合其需求的金融服务。同时，金融扶贫也是产业扶贫、科技扶贫等扶贫政策得以实施的有效保障。本章探讨了孟加拉国的乡村银行和互联网金融减贫模式、肯尼亚的手机银行模式、巴西的非银行代理机构模式，并系统梳理了我国一系列普惠金融减贫政策，包括建立多元化的农村金融扶贫供给体系、发展农村小额信贷扶贫融资模式、调整"扶贫贴息"贷款方法、进行农村普惠金融制度创新等。通过研究发现，面对 2020 年后复杂的贫困治理问题，我国普惠金融还存在金融产品和服务工具欠丰富、农村金融制度性安排不完善、金融支持农村基础设施建设力度不够、金融的配套保障措施尚未完善、涉农贷款担保和风险补偿机制不完善、小额贷款功能发挥存在限制等问题，这些问题的研究将为后续探索政策措施的制定奠定基础。

第 5 章

农村普惠金融发展的
减贫效应分析

    当前，我国城乡二元经济、金融结构特征明显，普惠金融体系相对滞后，普惠金融发展水平还比较低。在不同的发展阶段，普惠金融对农村多维贫困的影响有可能存在差异，即两者之间很可能不是简单的线性关系，而有可能蕴含着某种复杂的非线性关联。另外，从多维视角看，农村贫困不仅表现为收入贫困，医疗、教育等方面的社会贫困也是其重要的方面。以往研究用普惠金融的经济绩效代替普惠金融发展的其他减贫绩效，必然会漏掉一些非常重要的信息。普惠金融是否像预期的那样，有效减缓农户的收入贫困和社会贫困？本章基于 PSTR 模型，借助 2009～2019 年我国 26 个省的相关数据，实证检验农村普惠金融减缓多维贫困的非线性关系及其对农村总体贫困、经济贫困和社会贫困的减贫效果。

5.1 农村普惠金融减贫的理论分析[①]

    为了说明农村普惠金融是否会促进农村家庭贫困减缓，本文假设有两个贫困家庭 A 和 B，这两个贫困家庭具有相同物质资本、初始劳动力、技术水平和信用状况，且这两个贫困家庭都将当期财富中 θ 的比例留给下一代，而将剩余的 $1-\theta$ 用于消费。由此，两个贫困家庭的财富由当期财富 P 和从上一代继承来的财富 E_{t-1} 两部分组成。对于财富，两个家庭具有同样的投资选择，一种是进行储蓄，获得利率为 i 的利息收

---

    ①   卢盼盼、张长全:《中国普惠金融的减贫效应》，载《宏观经济研究》2017 年第 8 期。

入；另一种是将财富进行固定项目的投资，从而获得 R 的收益（但财富值小于项目投资的最低规模）。这里为了分析的便利，暂不考虑项目投资的风险因素，因此可以认为固定资产投资项目的收益一定会大于利息收入。由于贫困家庭所拥有的财富值小于项目投资的最低规模，他们要投资固定项目，则需利用借贷才能完成，这时 A 和 B 两个贫困家庭接受了两种相背离的金融服务，A 家庭因为金融排斥而无法享受到普惠金融服务，B 家庭能够获得普惠金融服务。另外，在这里，也假设两个家庭生活耗费的成本为 C。

贫困家庭要摆脱贫困，其拥有的财富必须跨过门槛值即贫困线 $\dfrac{(1+i)(P-C_A)}{[(1-\theta)(1+i)]} < \tau < \dfrac{[P+R-E(1+i)-C_B]}{1-\theta}$。如果 $A-\tau>0$、$B-\tau>0$，则表示两个贫困家庭都实现了贫困向非贫困的转型；反之，则说明两个家庭都没有摆脱贫困。那么普惠金融是否能帮助贫困家庭实现贫困向非贫困的转型？下文借助模型推导加以说明。

5.1.1　未享受到普惠金融服务的 A 家庭

对于 A，其第 t 期的初始投资为 $P+E_{t-1}-C_A$，由于 A 类家庭享受不到普惠金融服务，只能将财富以储蓄的形式放入银行，获得利率为 i 的利息收入。

则 A 家庭第 t 期的财富为：

$$A_t = (1+i)(P+E_{t-1}-C_A) \tag{5.1}$$

相应的，留给第 $t+1$ 期的财富为：

$$E_t = \theta(1+i)(P+E_{t-1}-C_A) \tag{5.2}$$

根据初始条件可知：

$$A_1 = (1+i)(P+E_0-C_A) \tag{5.3}$$

联立式（5.1）、式（5.2）和式（5.3），可推导出：

$$A_t = (1+r)(P-C_A)\{1-\theta(1+i)^t\}/[1-\theta(1+i)] + \theta^{t-1}(1+i^tE_0) \tag{5.4}$$

$$设 A_{+\infty} = \lim_{t=+\infty} A_t = (1+i)(P-C_A)/1-\theta(1+r) \tag{5.5}$$

由式（5.5）可知，当 A 家庭处于无限生产周期时，只要每期都减少消费，将财富留给下一代，并借助高利率的储蓄，其最终的财富值也会增加。但是，A 家庭仍然不能越过贫困线，一旦遇到某期的通货膨胀率高于储蓄存款利率，A 家庭的财富就会缩水，A 家庭将一直处于贫困状态。

5.1.2　享受到普惠金融服务的 B 家庭

对于 B 贫困家庭，其第 t 期的初始投资为 $P + E_{t-1} - C_B$，由于 B 类家庭能够享受到普惠金融服务，因此可以向金融机构进行借贷，从而进行固定项目的投资（假设借贷额为 L，利率为 r，投资规模为 W，项目投资收益为 D）。若 $L = W$，表示项目完全依靠借贷资金投资；$L < W$，表明项目投资中只有一部使用的是借贷资金，其余部分 $W - L$ 则来自自有资金。

由此，B 家庭第 t 期的当期财富为：

$$B_t = (P + E_{t-1} - C_B) + D - L(1 + i) \qquad (5.6)$$

留给第 $t+1$ 期的财富为：

$$E_t = \theta\big[(P + E_{t-1} - C_B) + D - L(1 + i)\big] \qquad (5.7)$$

根据初始条件可知：

$$B_1 = (P + E_0 - C_B) + D - L(1 + i) \qquad (5.8)$$

联袂式（5.6）、式（5.7）和式（5.8），可推导出：

$$B_t = \big[E + R - L(1 + i) - C_B\big](1 - \alpha^t)/(1 - \alpha) + \alpha^{t-1}L_0 \qquad (5.9)$$

由式（5.9）可知：

$$B_{+\infty} = \lim_{t \to +\infty} B = \big[P + D - L(1 + i) - C_B\big]/(1 - \theta) \qquad (5.10)$$

由式（5.10）可知，在 t 个生产周期内，若其他条件不变，B 家庭也可以通过减少消费，并增加留给下一期的财富比例，从而实现其财富值的增加，达到早日摆脱贫困境地的目的。一旦 B 家庭跨越了贫困线，那么更有可能从信贷机构得到信贷从而继续进行投资，使其财富量不断增加，最终收敛于 $B_{+\infty}$。

由此可见，两个家庭虽然初始条件完全相同，但是由于接受了两种完全背离的金融服务，其减贫效应存在差距。A 家庭因为金融排斥无法享受到普惠金融服务，虽然其财富量也会增加，但最终无法摆脱贫困；而 B 家庭因为享受到了普惠金融服务，获得了相应的贷款用于投资，从而跨越贫困线。

5.2　农村普惠金融的减贫效应实证分析

5.2.1　变量选取与数据描述

5.2.1.1　被解释变量

本章被解释变量是第 4 章所计算的多维贫困综合指数（POV）及经济维度的贫困指数（GPOV）和社会维度的贫困指数（HPOV）。

5.2.1.2　核心解释变量

本章的核心解释变量是第 3 章所计算的农村普惠金融指数（IFI）。

5.2.1.3　控制变量

贫困问题的复杂性致使金融发展多维减贫效应受其他因素的影响，故模型中加入财政支农水平（GFF）、经济发展水平（MGDP）、城乡收入差距（URGAP）、城镇化水平（CITY）、农村固定资产投资水平（RFA）、产业结构（IST）、政府干预程度（DGI）、农村居民消费价格指数变动率（CPIR）作为控制变量。选取以上各要素作为控制变量的理由如下。

（1）财政支农水平（GFF）。国家财政影响农村经济、教育、卫生的发展，进而影响农村脱贫，其用各省财政支出中农林水务支出与农林牧渔业总产值的比重来衡量。

（2）经济发展水平（MGDP）。经济增长是反贫困的必要条件，经济增长可以扩大生产要素需求，提高生产能力，提高就业水平与消费需求能力，最终提高居民收入水平与生活水平。用人均 GDP 表示。

（3）城乡收入差距（URGAP）。长期以来我国农村生产力水平低于城市，虽近些年有所缓解，但是城乡居民收入差距仍然较大，城乡收入差距过大不利于一个国家的稳定发展，更不利于贫困程度的降低。书中用城镇居民人均可支配收入与农村居民人均可支配收入比值描述城乡收入差距，比值越大表明城乡收入差距越大，反之则越小。

（4）农村固定资产投资水平（RFA）。固定资产的更新换代助力农村各产业的发展，进而有利于农村脱贫，其用农村固定资产投资额与农林牧副渔总产值的比值表示。

（5）产业结构（IST）。产业结构的不同阶段对于贫困的影响不同。较低阶段的产业结构升级可以增加初级劳动力需求，促进农村剩余劳动力参与非农产业生产，增加收入，缓解贫困。高级阶段的产业结构对劳动力的技能和经验提出了更高的要求，低技能工人会因此失业而陷入贫困。这里用第一产业总产值占地区总产值的比重来表示。

（6）城镇化水平（CITY）。新时期，城镇化可以有效促进经济增长，从而带动居民收入水平的提升，此外，随着城镇化的发展，农村人口的居住环境、生活条件都会产生明显的改善，从而提升生活质量。一般用城镇人口规模来衡量城镇化水平。

（7）政府干预程度（DGI）。市场经济作为一种竞争经济，劳动力、资本等要素会追求利润最大化的目标，导致不同地区、不同行业之间发展不平衡。而转移支付等宏观政策会放缓发展的失衡，某种程度上会对缓解农村贫困发挥积极的作用。其用各省财政支出占各省 GDP 的比重来衡量。

（8）农村居民消费价格变动率（CPIR）。农村居民消费价格指数变化率用来衡量通货膨胀率。通货膨胀会造成农民增收、生活水平提高的假象，因此，剔除通货膨胀对贫困程度的影响，使研究结果更具有说服力。

为了降低变量异方差、内生性以及数据变动幅度过大对结果不好的影响，本章对非指数化的数据进行对数处理。以上各变量的定义和计算方法如表 5 - 1 所示。另外，所有变量的统计描述结果如表 5 - 2 所示。

表 5 - 1   模型变量定义及计算公式

变量	定义	计算公式
被解释变量	多维贫困综合指数	—
	农村经济贫困指数	—
	农村社会贫困指数	—
解释变量	农村普惠金融指数	—

续表

变量	定义	计算公式
控制变量	财政支农水平	农林水事务支出/农林牧渔业总产值
	经济发展水平	人均 GDP
	城乡收入差距	城镇居民人均可支配收入/农村居民人均可支配收入
	农村固定资产投资水平	农村固定资产投资额/农林牧副渔总产值
	产业结构	第一产业生产总值/地区总产值
	城镇化水平	城镇人口/总人口
	政府干预程度	各省财政支出/各省 GDP
	农村居民消费价格变动率	—

表 5-2   变量描述性统计

Variable	Obs	均值	标准差	最小值	最大值
POV	286	0.319	0.138	0.083	0.803
GPOV	286	0.171	0.098	0.023	0.55
HPOV	286	0.146	0.046	0.048	0.289
IFI	286	0.218	0.103	0.03	0.57
GFF	286	0.105	0.037	0.001	0.19
mgdp	286	10.294	0.533	8.707	11.481
URGAP	286	4.817	0.924	2.991	7.138
CITY	286	49.169	9.243	27.46	69.2
RFA	286	0.197	0.083	0.053	0.477
IST	286	0.122	0.049	0.042	0.334
DGI	286	0.223	0.101	0.083	0.627
CPIR	286	103.653	2.182	100.3	112.3

从各个变量的描述统计来看，POV 的均值为 0.319，标准差为 0.138，最小值和最大值分别为 0.083 和 0.803，表明不同省份的综合贫困指数差

别较大。GPOV 和 HPOV 的最大值和最小值也相差极大，即不同省份在经济维度贫困和社会维度贫困方面也有较大的差异。IFI 的均值为 0.218，标准差为 0.103，最小值和最大值分别为 0.03 和 0.57，表明不同省份在普惠金融发展水平方面同样存在较大差别。

5.2.2 模型选择和结果分析

为了探究普惠金融发展与农村贫困减缓可能存在的非线性关系，本章采用面板平滑转换模型（PSTR）进行实证研究。

5.2.2.1 面板平滑转换模型（PSTR）简介

面板平滑转换模型（PSTR）是戈尔钠兹等学者（Gonazlez et al.，2005）在面板门槛模型基础上构建的，它是面板门槛模型的进一步拓展，它的优点是用连续的转换函数替代离散函数，很好地解决了面板数据的异质性问题，并基于随机变化量的平滑和连续非线性转变形成模型参数处理，从而获取更趋近于现实的模型拟合，因此它的分析结论更接近经济现实。

面板平滑转换模型构建的基本原理如下：

$$y_{it} = \mu_i + \beta_0 x_{it} + \sum_{j=1}^{r} \beta_j x_{it} h_j(q_{it}^j ; \gamma_j, c_j) + \varepsilon_{it} \qquad (5.11)$$

转换函数 $h_j(q_{it}; r, c)$ 的 Logistic 函数设定形式为：

$$h_j(q_{it}; \gamma, c) = \left[1 + exp\left(-\gamma \prod_{j=1}^{m} (q_{it} - c_j) \right) \right]^{-1} \qquad (5.12)$$

其中，$\gamma > 0$，$c_1 \leqslant c_2 \leqslant \cdots \leqslant c_m$

式（5.11）和式（5.12）中：y_{it} 为被解释变量，x_{it} 为解释变量向量，μ_i 表示个体固定效应，ε_{it} 为误差项。转换函数 $h_j(q_{it}; \gamma, c)$ 是一个 Logistic 函数，该函数是关于转换变量 q_{it} 且值域介于 0 和 1 之间的连续平滑的有界函数。转换函数中的 q_{it} 为转换变量，斜率参数 γ 决定转换函数的转换速度，$c = (c_1, c_2, \cdots, c_m)'$ 为位置参数，m 为向量，决定转换函数的转换发生的阈值。当 $\gamma > 0$，$c_1 \leqslant c_2 \leqslant \cdots \leqslant c_m$ 保证了模型能够被识别，一般只需要考虑 $m = 1$ 和 $m = 2$ 就足够了。而当 $m = 1$ 时，x_{it} 的系数随着 q_{it} 转换变量的增加在 β_0 和 $\beta_0 + \beta_1$ 之间单调变换。该模型描述了从一种区制到另一种区制的平滑转换过程，这也就是一般意义上的两区制面板平滑转换模型。当 $m=2$ 时，该模型就成了三区制的平滑面板转换模型，转换函数关于 $(c_1+c_2)/2$ 对称，并取得最小值，处于中间区制状态，当 q_{it} 较低或较高时，处于两个相同的外区制状态。

5.2.2.2　模型检验

前文对面板平滑转换函数做了简要的介绍，在这里需要根据数据特征来确定模型形式，主要采用 LM 统计量、L/F 统计量和 LRT 统计量来进行模型检验，确定变量之间是否存在非线性关系。检验结果如表 5 - 3 所示。

表 5 - 3　　　　　　　　　　　　PSTR 模型检验

原假设与备择假设	LM	L/F	LRT
H0：r = 0 vs H1：r = 1	24.744 *** (0.003)	2.641 *** (0.006)	25.88 *** (0.002)
H0：r = 1 vs H1：r = 2	9.377 (0.403)	0.878 (0.546)	9.534 (0.390)

注：*** 表示在 1% 水平上显著；括号内为标准误差。

从表 5 - 3 可知，在惠普金融发展与贫困之间存在线性关系的原假设下（H0：r = 0），LM 统计量为 24.744，对应的显著性 P 值为 0.003，在 1% 的水平下显著，即在 1% 的水平下显著拒绝原假设，接受至少存在一个位置参数的备择假设。同理，L/F 统计量和 LRT 统计量均支持了这一结论。在非线性关系检验中，原假设为 PSTR 模型存在一个位置参数，结果显示，LM 统计量、L/F 统计量、LRT 统计量下的显著性 P 值均大于 0.1，表明未通过显著性检验，不能拒绝只存在一个位置参数的原假设。因此，PSTR 模型只存在一个位置参数。

5.2.2.3　模型设定

由以上检验结果，可以设立 PSTR 模型如式（5.13）所示：

$$POV_{it}=\beta_{11}IFI_{it}+\beta_{12}GFF_{it}+\beta_{13}URGAP_{it}+\beta_{14}CITY_{it}+\beta_{15}RFA_{it}+\beta_{16}IST_{it}$$
$$+\beta_{17}DGI_{it}+\beta_{18}CPIR_{it}+\beta_{19}MGDP_{it}+(\beta_{21}IFI_{it}+\beta_{22}GFF_{it}$$

$$+ \beta_{23} URGAP_{it} + \beta_{24} CITY_{it} + \beta_{25} RFA_{it} + \beta_{26} IST_{it} + \beta_{27} DGI_{it}$$

$$+ \beta_{28} CPIR_{it} + \beta_{29} MGDP_{it}) g(IFI_{it};\ r,\ c) + \varepsilon_{it} + \mu_i \qquad (5.13)$$

其中，i 代表了所选 26 个省市，即 $i = 1, 2, \cdots, 26$；t 代表时间，$t = 2006, 2007, \cdots, 2016$；POV 为因变量，表示多维贫困综合指数，IFI 为解释变量，表示农村普惠金融指数；GFF、URGAP、CITY、RFA、IST、DGI、CPIR、MGDP 为控制变量，分别表示财政支农水平、城乡收入差距、城市化水平、农村固定资产投资水平、产业结构、政府干预程度、农村居民消费价格指数变动率和经济发展水平。ε 表示随机误差，μ 表示个体固定效应。

由于 PSTR 模型只存在一个位置参数，因而可以得出转换变量的表达式：

$$g(IFI_{it};\ \gamma,\ c) = \{1 + \exp[-\gamma(IFI_{it} - c)]\}^{-1} \qquad (5.14)$$

其中，γ 代表了 PSTR 模型转换的平滑度，称为斜率参数，取值大于 0。C 为位置参数，e^c 则为转换变量的门槛值。$g(IFI_{it};\ \gamma,\ c)$ 是关于 IFI 的连续有界函数，取值为 0。

5.2.2.4 模型估计结果

根据前文模型公式，利用 Matlab 软件对 PSTR 模型的线性部分和非线性部分参数进行估计，结果如表 5-4 所示。

表 5-4 　　　　　　　　　PSTR 模型对总体贫困的估计结果

部分	变量	系数	标准误	T 统计量
线性部分	IFI	− 2. 2332 *	1. 3035	− 1. 7133
	GFF	0. 1595	0. 5936	0. 2687
	URGAP	− 0. 0229	0. 0277	− 0. 8269
	CITY	0. 0030	0. 0031	0. 9624
	RFA	− 0. 6727 **	0. 2836	− 2. 3719
	IST	− 0. 4321 *	0. 2260	− 1. 9118
	DGI	0. 3940	0. 2778	1. 4182
	CPIR	− 0. 0105 *	0. 0061	− 1. 7338
	MGDP	0. 1034	0. 0725	1. 4271

续表

部分	变量	系数	标准误	T 统计量
非线性部分	IFI	2.2665 *	1.2753	1.7772
	GFF	−0.3523	0.6753	−0.5217
	URGAP	0.0145	0.0267	0.5434
	CITY	−0.0012	0.0034	−0.3523
	RFA	0.7052 **	0.2990	2.3588
	IST	0.4276	0.2725	1.5692
	DGI	−0.3077	0.2293	−1.3420
	CPIR	0.0118 *	0.0061	1.9271
	MGDP	0.1518 **	0.0754	2.0139
	位置参数		−1.556	
	平滑参数		29.4159	
	AIC		−7.128	
	BIC		−6.982	

注：**、* 分别表示在 5% 和 10% 水平上显著。

PSTR 模型以农村普惠金融指数为转换变量，由估计结果可知，位置参数 c 和平滑参数 $gama$ 分别为 −1.556 和 29.4159，模型在 −1.556 处发生非线性转化，从而计算得出门槛值 $e^c = e^{-1.556} = 0.211$。当农村普惠金融指数低于门槛值 0.211 时，解释变量 IFI 的系数为 −2.2332，通过了 10% 水平的显著性检验，表明农村普惠金融发展不但不利于贫困减缓，反而由于普惠金融受众的不平等，增加了贫困。当农村普惠金融发展到一定程度，高于门槛值时，转换函数趋近于 1，IFI 的系数为 2.2665，且通过了 10% 水平的显著性检验，表明农村普惠金融发展显著正向影响贫困指数，即有利于减贫。平滑参数 $gama$ 为 29.4159，表明由低区制到高区制的转换速度较慢。

此外，为了分析不同地区的农村普惠金融指数的减贫效应，本章将 2016 年各省的农村普惠金融指数与门槛值进行对比。结果发现，低于该门槛值的省份有 12 个，分别是河南、宁夏、青海、安徽、山东、江西、广西、福建、湖南、贵州、甘肃和陕西，其中有 2 个东部省份、4 个中部省份、6 个西部省份。高于该门槛值 0.211 的省份有 14 个，分别是四川、河北、海南、云南、山西、新疆、黑龙江、湖北、吉林、江苏、浙江、内蒙古、广东和辽宁,其中有6个东部省份、4个西部省份、4个中部省份。跨越门槛值的省份超过一半的比例,且以东部省份居多,说明农村普惠金融对贫困减缓的影响存在明显的地区差异。

控制变量中,财政支农水平(GFF)、城乡收入差距(URGAP)、城镇化率(CITY)无论在线性部分,还是非线性部分都没有通过显著性检验。除此之外,农村固定资产投资水平(RFA)线性部分的系数为 -0.6727,且通过了5%水平的显著性检验,非线性部分的估计系数为0.7052,也通过了5%水平的显著性检验。表明只有在固定资产投资增加到一定程度后,减贫效应才会增强。产业结构(IST)线性部分的系数为 -0.4321,且通过了10%水平的显著性检验,非线性部分的估计系数为0.4276,但未通过显著性检验。表明经济发展初期,第一产业在三大产业中所占的比重越高,越不利于减贫,但是随着农村普惠金融发展指数跨越门槛值后,产业结构调整对总体贫困指数(POV)的影响并不显著。农村居民消费价格指数(CPIR)虽然在线性部分和非线性部分都通过了显著性检验,但是由于其系数值很小,因此,它对总体贫困的减缓并没有多大的影响。经济发展水平(MGDP)在线性部分的估计系数为0.1034,但未通过显著性检验,在非线性部分的估计系数为0.1518,通过了5%水平的显著性检验,表明只有随着经济发展水平的不断提高,综合贫困指数才会显著上升,才会更有利于贫困减缓。

5.2.2.5 稳健性检验

在进行农村普惠金融发展的减贫效应分析时,选择了多维综合贫困指数来代表各个省份的贫困程度。一般而言,贫困是多维的,可以包括经济、社会等多个方面。在稳健性检验中,以经济维度贫困指数和社会维度贫困指数作为因变量来进行分析。

在以经济维度贫困指数为因变量的模型估计结果中(见表5-5),位置参数 c 和平滑参数 $gama$ 分别为 -1.412 和 89.5389,模型在 -1.412 处发生非线性转化,从而计算得出门槛值 $e^c = e^{-1.412} = 0.244$。当农村普惠金融指数 IFI 低于门槛值 0.244 时,解释变量 IFI 的系数为 -0.9408,通过了 1% 水平的显著性检验,农村普惠金融发展会使得经济维度贫困指数降低,即农村普惠金融发展也同样不但不具有减贫效应,反而由于普惠金融受众的不平等,增加了经济贫困。当 IFI 高于门槛值时,转换函数趋近于 1,

IFI 的系数为 0.9408，且通过了 1% 水平的显著性检验，表明农村普惠金融发展对贫困指数有显著的正向影响，即有减贫效应。平滑参数 *gama* 为 89.5389，表明由低区制到高区制的转换速度比较快。各个控制变量中，GFF、RFA、DGI、MGDP 均通过了不同水平的显著性检验，而其他控制变量没有通过显著性检验。其中 GFF 线性部分的系数为 1.4395，且通过了 5% 水平的显著性检验，非线性部分的估计系数为 −1.4395，也通过了 1% 水平的显著性检验，表明财政支农在最开始会发挥减贫效应，但是在跨越了门槛值后，财政支农水平不再发挥其减贫效应。与财政支农水平减贫效应相同的还有农村固定资产投资水平，同样在跨越门槛后，农村固定资产投资不再发挥其减贫效应。而与此相反，政府干预程度和经济发展水平对经济贫困的影响则表现在当两项指标低于门槛值时，都不具备减贫效应，但当两项指标高于门槛值时，则具有显著的减贫效应。

表 5-5　　　　　　　　　PSTR 模型对经济贫困的估计结果

分类	变量	经济维度的贫困指数（GPOV）
线性部分	IFI	−0.9408 *** (0.117)
	GFF	1.4395 ** (0.534)
	URGAP	0.0040 (0.0096)
	CITY	−0.0021 (0.0029)
	RFA	4.7445 * (2.8016)
	IST	2.8166 (2.1756)
	DGI	−3.1869 *** (0.2649)
	CPIR	0.0212 (0.0305)
	MGDP	−0.2970 *** (0.0394)

续表

分类	变量	经济维度的贫困指数（GPOV）
非线性部分	IFI	0.9408 *** (0.101)
	GFF	-1.4395 *** (0.5015)
	URGAP	-0.0040 (0.0039)
	CITY	0.0021 (0.0031)
	RFA	-4.7445 * (2.8929)
	IST	-2.8166 (2.5475)
	DGI	3.1869 *** (0.255)
	CPIR	-0.0212 (0.0348)
	MGDP	0.2970 *** (0.0348)
	位置参数	-1.412
	平滑参数	89.5389
	AIC	-7.890
	BIC	-7.493

注：*** 、** 、* 分别表示在 1%、5% 和 10% 水平上显著；括号内为标准误差。

在以社会维度贫困指数为因变量的模型估计结果中（见表 5-6），位置参数 c 和平滑参数 $gama$ 分别为 -1.258 和 67.853，模型在 -1.258 处发生非线性转化，从而计算得出门槛值 $e^c = e^{-1.258} = 0.284$。当农村普惠金融指数 IFI 低于门槛值 0.284 时，解释变量 IFI 的系数为 -0.8372，未通过显著性检验，说明农村普惠金融发展不具有减贫效应。当 IFI 高于门槛值时，转换函数趋近于 1，IFI 的系数为 4.0320，且通过了 5% 水平的显著性检验，表明农村普惠金融发展对社会贫困指数有显著影响，存在显著的减贫效应。平滑参数 gama 为 67.853，表明由低区制到高区制的转换速度比较快。控制变量中，只有城镇化率（CITY）在线性部分的估计系数为 −0.0192，但未通过显著性检验，非线性部分的估计系数为 0.0425，也通过了 5% 水平的显著性检验，表明在农村普惠金融跨越门槛前，城市化水平未发挥减贫效应，在农村普惠金融跨越门槛值后，城市化水平越高，则社会贫困指数越高，即存在显著的减贫效应。

表 5-6　　　　　　　　PSTR 模型对社会贫困的估计结果

分类	变量	社会维度的贫困指数（HPOV）
线性部分	IFI	−0.8372 (1.5216)
	GFF	0.6743 (0.6518)
	URGAP	−0.0384* (0.0215)
	CITY	−0.0192 (0.0057)
	RFA	2.0384 (2.2085)
	IST	0.1192 (0.1575)
	DGI	−0.8293 (1.6750)
	CPIR	0.0195 (0.0236)
	MGDP	−0.3316** (0.1678)

续表

分类	变量	社会维度的贫困指数（HPOV）
非线性部分	IFI	4.0320 ** (2.7641)
	GFF	−2.7360 (2.5047)
	URGAP	0.0109 (0.0769)
	CITY	0.0425 ** (0.0136)
	RFA	−0.7090 (0.8749)
	IST	−4.4707 * (2.0865)
	DGI	0.7311 (1.1161)
	CPIR	0.0439 (0.0247)
	MGDP	0.2256 (0.2560)
	位置参数	−1.258
	平滑参数	67.853
	AIC	−8.291
	BIC	−8.035

注：** 、 * 分别表示在 5% 和 10% 水平上显著；括号内为标准误差。

5.3 本章小结

本章引用卢盼盼、张长全的研究结论，从理论上说明了享受普惠金融的农村家庭和不享受普惠金融的农村家庭在减贫效果上会存在明显的差异。A 家庭因为金融排斥无法享受到普惠金融服务，虽然其财富量也会增加，但最终无法摆脱贫困。而 B 家庭因为享受到了普惠金融服务，获得了相应的贷款用于投资，从而跨越贫困线。为了进一步验证该结论，本章以 2009 ~ 2019 年 26 个省份为研究对象，构建面板数据，利用 PSTR 模型对农村普惠金融发展对贫困的减缓效应进行实证分析并得出以下结论：第一，中国农村普惠金融指数和总体贫困指数之间存在非线性关系，并且存在一个门槛值，为 0.211。在农村普惠金融指数跨越门槛值之前，对总体贫困指数具有负效应，即不利于减缓贫困；在跨越门槛值之后，农村普惠金融指数则具有减贫效应。同样，农村普惠金融对经济维度贫困和社会维度贫困的减缓同样表现出先抑制后促进的效应。第二，关于控制变量的探讨，在总贫困效应分析中，财政支农水平（GFF）、城乡收入差距（URGAP）、城镇化率（CITY）无论在线性部分，还是非线性部分都没有通过显著性检验；除此之外，农村固定资产投资水平和经济发展水平在跨越门槛值后，才会表现出明显的减贫效应；在经济贫困效应分析中，农村固定资产投资水平（RFA）、政府干预程度（DGI）、经济发展水平（MGDP）均通过了不同水平的显著性检验，而其他控制变量没有通过显著性检验。其中财政支农水平、农村固定资产投资水平在跨越门槛值之前会发挥减贫效应，但是在跨越门槛值之后，不再发挥其减贫效应。而政府干预程度和经济发展水平则是在跨越门槛值之后，表现出明显的减贫效应；在社会贫困效应分析中，只有城镇化率（CITY）在农村普惠金融跨越门槛值后，才存在显著的减贫效应。第三，通过分析不同地区农村普惠金融的减贫效应，发现，在我国 26 个省份中，低于该门槛值的省份有 12 个，其中有 2 个东部省份、4 个中部省份、6 个西部省份。高于该门槛值 0.211 的有 14 个，其中有 6 个东部省份、4 个西部省份、4 个中部省份。跨越门槛值的省份超过一半的比例，且跨越门槛值的以东部地区居多，说明农村普惠金融对贫困减缓的影响存在明显的地区差异。根据以上结论本章认为区域经济发展对贫困问题的减少有着重要意义，加快区域经济发展可以在基础上对扶贫工作带来有效的帮助和支持。区域经济发展关系到社会民生的各个方面，而经济的发展需要社会各个方面的均衡发展，特别是大量资金的注入。农村普惠金融在区域经济发展中可以提供一定的资金支持，从而助力各行各业实现有效的运转。农村普惠金融与区域经济，区域经济与扶贫工作，对整体的减贫工作效率有着基础性的提升,也是当前我国政府减贫工作的核心内容之一。另外,适度的政府干预,对贫困减缓也至关重要,政府作为扶贫减贫工作的发起者,还需要发挥出指导者的作用,积极的政府干预可以使减贫工作朝着正确的方向发展,促使普惠金融不断向农村转移,从而降低扶贫、减贫的时间跨度,同时还应大力加强城镇化建设,让其在减缓社会贫困方面发挥重要的作用。

第 6 章

农村普惠金融发展减缓
贫困的作用机制分析

本书第 5 章研究了农村普惠金融发展与贫困减缓之间的关系，可以发现，农村普惠金融发展与贫困减缓存在非线性正向关系，当越过门槛值后，农村普惠金融发展会有效地减缓农村贫困。那么，究竟是什么样的机制促使普惠金融有利于农村减贫，还需要进行深入探析。本章研究农村普惠金融发展减缓贫困的作用机制，为农村普惠金融减贫提供破解思路。

6.1 农村普惠金融减贫作用机制的理论分析

在大量的国内外文献中，都提及了金融的减贫机制问题，指出金融减贫的直接和间接途径。农村普惠金融是金融的一种具体形式，因此其对农村贫困减缓的作用机制也可以分为直接机制和间接机制两种。

6.1.1 农村普惠金融减缓贫困的直接作用机制

长时间以来，农村金融资源匮乏，加之农户收入低，缺乏金融机构所要求的抵押品等原因，在广大农村地区，金融排斥现象十分严重，农户很难从正规金融机构获得自身所需的信贷资金。当农户急需资金时，他们只能向不具有合法地位的民间金融机构借贷，有时甚至不惜向"高利贷"借款，由此背上了沉重的债务负担。而普惠金融可以以村镇银行和农村资金互助社为依托，通过创新信贷产品和流程，创新抵押担保方式等途径，方便农户获得信贷服务，使农户有资金去发展生产、就业或创业。另外，普惠金融机构也可以通过降低涉农经济组织的金融服务门槛，帮助涉农经济组织壮大和发展，使涉农经济组织在解决农村就业、延长农业产业链，提高农户收入方面发挥其作用。

6.1.2　农村普惠金融减缓贫困的间接作用机制

普惠金融的间接作用机制则是指普惠金融发展能够刺激经济增长，涓滴效应可以使穷人从中受益，同时通过调节收入分配，缩小贫富差距，穷人也能从中获得更多好处，从而更好地发挥金融减贫作用。由此普惠金融对贫困减缓的间接作用机制都是通过两个环节得以实现：一是普惠金融促进了经济增长或缩小了收入分配差距；二是经济增长或收入分配差距的缩小进一步促进了贫困减缓。

6.1.2.1　经济增长的作用机制

（1）农村普惠金融发展与农村经济增长。农村普惠金发展与农村经济增长的关系，可以用杰派利和帕加诺（Jappelli and pagano，1999）提出的内生增长模型（AK）来加以说明。

模型基本表达式为：

$$生产函数：Y_t = AK \tag{6.1}$$

其中，Y_t 是国民经济的总产出值，A 表示的是资本的产出率，K 表示的是资本存量。

$$投资函数：I_t = K_{t+1} - (1-\delta)K \tag{6.2}$$

其中，I_t 表示的是 t 期的投资，δ 表示的是资本折旧率。

且在两部门经济体系中，维持资本市场均衡的条件为总投资 = 总储蓄。

$$资本市场均衡条件 I_t = \varepsilon S_t \tag{6.3}$$

其中，ε 是储蓄转化为投资的比例，S_t 是总储蓄。

根据式（6.1）、式（6.2）、式（6.3），可以推出经济增长率在 $t+1$ 期的数值：

$$g_{t+1} = \frac{Y_{t+1}}{Y_t} - 1 = \frac{K_{t+1}}{K_t} - 1 = \frac{I_t}{K_t} - \delta = A\left(\frac{I_t}{Y_t}\right) - \delta = A\varepsilon s - \delta \tag{6.4}$$

观察式（6.4）可知，普惠金融发展促进经济增长的途径主要有三种。

一是将储蓄率提高。一方面，储蓄产品会随着农村普惠金融市场和体制的完善逐渐丰富，可以吸引具有储蓄能力和意愿的农村经济个体积极储蓄。同时，由于农村社会货币的谨慎性和投资性需求共生存在，在农村社会总产值既定水平下，某些因素的变动会带动农村社会消费和储蓄份额的变动。另一方面，农村地区社会保障水平低下，农村居民就业和收入不稳定，这些因素都会使农户家庭扩大储蓄，从而使农村投资增长具有了重要的资金保障。

二是将更多的储蓄用于投资。储蓄的增加为农村经济增长提供了信贷资金保障。加之农村普惠金融市场和中介的不断完善，解决了金融供需双方的信息不对称问题，降低了储蓄农户的资金风险，及储蓄转化为投资过程中的交易和信息成本，提高了转化效率，进一步促进农村总产出的增长。

三是通过合理配置资源提高资本产出率。农村普惠金融市场和中介的不断完善，提高了金融供给主体对需求主体的评估和监督能力，其可以通过信息收集功能合理和高效地评估和选择各种农村企业和项目，从而将资金分配给市场配置效率较高的企业或项目上，提高资金边际效率。风险化解机制的完善也能够有效分担投资者风险，帮助他们在分散技术创新高风险的同时获得高收益，从而提高资本边际生产率，实现稳定的经济增长。更为重要的是，农村金融中介会撬动资金的杠杆效益，集中社会闲散资金，将它们分配给具有迫切资金需求的农村个体和企业，从而提高农村资源配置效率和农村产出。

（2）农村经济增长与农村贫困减缓。随着农村经济增长，农村总产出会不断增加，这从物质上为农村贫困事业的推进提供了保障。一方面，农村经济增长使得农村整体物质水平得以提高，然后借助涓滴效应带动低收入群体增加收入，提高福利。另一方面，农村财政收入会随经济增长而相应增加，从而带动农村公共设施、公共事务建设资金的同步增长。公共设施和事务建设正的外部效应又使更多穷人从中受益。同时，政府转移支付的增加将直接提高对贫困农户的救济、补贴和社会保障福利。

6.1.2.2 收益分配的作用机制

（1）农村普惠金融发展与收入分配。国内外相关文献，论述了金融发展和收入分配之间的关系，即金融发展和收入分配之间可能存在正向、反向或倒"U"型关系。不管何种论述，都表明金融发展会对收入分配产生影响。然而，劳动力生产的实现是决定经济增长和财富积累的关键因素。

因此，研究收入分配问题，离不了对劳动力市场的分析，这包括劳动力的人力资本程度以及农村劳动力向城镇转移的趋势，因此本部分探讨普惠金融的人力资本及劳动力转移机制①。

①普惠金融的人力资本传导机制。人力资本在收益分配中起到十分关键的作用（Mincer，1957；Schults，1979）。人力资本理论认为，一个人的收入取决于他的能力，而能力往往受教育程度的影响，而受教育程度又取决于其经济投入的多寡。长期以来，与城镇居民相比，农村居民由于初始财富低，难以负担相应的教育费用，因此无法通过技能提升而提高收入，导致城乡收入差距扩大。在这里，我们通过代际交替模型分析农村普惠金融影响城乡收入差距的人力资本传导机制。

农村非技术劳动力若选择在农村非技术部门就业，他们只要选择花费 c 成本进行短期培训即可，但是如果他们想转移到城市技术部门，则需要耗费 e 成本提高其人力资本水平。可以假设 $c < e$，即短期培训需要很少的花费，因此劳动者不需贷款就可以完成。同时假设劳动者在城市技术部门获得的收入一定会高于农村非技术部门，劳动者会对教育进行投资。若个人初始财富为 w_0，劳动者进行教育投资的初始财富为 f，收入水平为 P_h，个体投资收益为 R，当 $w_0 < c$，他们可以从金融市场上获得数额为 L 的贷款（贷款利息为 K_L）。另外，当人力资本得以提升后，劳动者会在城市工作，则农村向城市转移的成本为 T。

此时，劳动者的净收入存在以下三种情况。

若劳动者的初始财富 $w_0 \geq e$，他不需要借贷，就可以投资人力资本，其净收入水平为：

$$y_0 = P_h + (1 + K_L)(w_0 - e) - T \qquad (6.5)$$

若劳动者的初始财富 $f \leq w_0 < e$，他可以从金融市场上获得数额为 L 的贷款（贷款利息为 K_L），其净收入为：

$$y_0 = P_h + (1 + K_L)w_0 - (1 + L_d)L - T \qquad (6.6)$$

若劳动者的初始财富值 $w_0 < f$，则其无法从金融市场获得贷款投资人力资本，此时，其净收入可以表示为：

$$y_0 = w_t + (1 + K_L)w_0 - c \qquad (6.7)$$

以上是从静态角度分析人力资本对净收入的影响，下面从动态角度分析普惠金融发展如何从动态影响人力资本，从而影响城乡收入差距。

---

① 张彤进：《中国包容性金融发展对城乡居民收入差距的影响机制研究》，天津财经大学博士学位论文，2016 年。

根据代际交替模型，代际财富赠与的动态关系式表述为：

$$b_{it} = w_{i,t+1} = (1 - \alpha - \beta) y_i \tag{6.8}$$

其中，$w_{i,t+1}$ 是父母留给下一代的财富值，y_{it} 是个人在 t 当期的净收入，α、β 是个体留存的现金、消费与净收入的固定比例。

在第二期，对于初始财富 $w_0 \geq e$ 的个体，其遗赠给下一代的财富为：

$$w_{i,t+1} = (1 - \alpha - \beta) [P_h + (1 + K_L)(w_0 - e) - T] \tag{6.9}$$

赠与的财富最终收敛为：

$$\overline{w_h} = \frac{(1 - \alpha - \beta) [P_h + (1 + K_L)(w_0 - e) - T]}{1 - (1 - \alpha - \beta)(1 - K_L)} \tag{6.10}$$

由此，若 $w_0 \geq e$，个体后代将进入城市，成为技术劳动力。

对于初始财富 $f \leq w_0 < e$ 的个体，其遗赠给下一代的财富为：

$$w_{i,t+1} = (1 - \alpha - \beta) [P_h + (1 + K_L) w_0 - (1 + L_d) L - T] \tag{6.11}$$

赠与的财富最终收敛为：

$$\overline{w_h} = \frac{(1 - \alpha - \beta) [P_h + (1 + K_L) w_0 - (1 + L_d) L - T]}{1 - (1 - \alpha - \beta)(1 - K_L)} \tag{6.12}$$

由此，若 $f \leq w_0 < e$，该个体仍需继续进行人力资本投资，使其后代成为城市技术劳动力。

对于初始财富值 $w_0 < f$ 的农村非技术劳动力，其遗赠给下代的财富为：

$$w_{i,t+1} = (1 - \alpha - \beta) [w_t + (1 + K_L) - c] \tag{6.13}$$

赠予的财富最终收敛为：

$$\overline{w_h} = \frac{(1 - \alpha - \beta) [w_i - c]}{1 - (1 - \alpha - \beta)(1 + K_L)} \tag{6.14}$$

由此，若 $w_0 < f$，该个体及其后代，将会一直在农村非技术部门工作。

下面进一步借助图 6-1 分析普惠金融发展如何从动态上影响劳动者人力资本的投资。一方面，贷款利率 K_L 下降时，则 f 将下降，f 将左移至 f'；另一方面，较低的贷款利率也会推高非技术劳动力的收入水平，ab、cd、ef 将向上移。再则，个体若能享受到多元化的金融服务，它将更有能力抵御经济风险，β 将下降，投资收益率 R 会上升，ab、cd、ef 斜率会变大，因此，从图 6-1 中可以看出，普惠金融的发展会使初始财富 $w_0 < f$ 的个体的代际财富最终收敛到大于 f' 的位置，该个体可以通过投资教育转变为技术劳动力，城乡收入差距将消失。

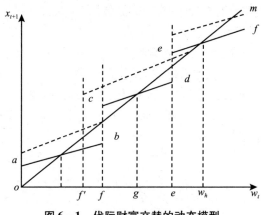

图 6 - 1   代际财富交替的动态模型

需要说明的是，经济体实现均衡的时间长短取决于个人初始财富的多少和普惠金融发展速度的快慢。在健全的普惠金融制度下，即便是个人的初始财富较小，但是通过一代代人的努力，终究会获得贷款支持，从而转变为城市技术劳动力。

②普惠金融影响城乡收入差距的劳动力转移机制。大量理论证明，农村剩余劳动力进城务工，不仅可以提升收入，而且可以有效改善农村部门的劳动生产率，促使农村部门劳动者收入的提升。因此劳动力转移对于我国居民收入格局的改善至关重要。然而，劳动者从传统农业转移到城市工业中，势必会发生转移成本。虽然刘易斯在其二元经济模型中指出，劳动力从传统农业转向城市工业的过程中，转移成本恒为零，但是这一假说在中国现实经济中并不存在。首先，在转移过程中，劳动者需进行人力资本投资；其次，劳动者要在城市生存，需要租房、购房、发生交通费用等；最后，更为重要的是，不完善的金融市场往往将农村居民排斥在外，转移到城市的劳动者不能享受到存取款、汇兑等基本金融服务，这些都加大了转移成本。

普惠金融能否有效降低劳动力转移成本，从而加速劳动力转移步伐，促使劳动者收入的提升，本章通过以下数量关系加以说明。

设 $T(fin)$ 是劳动力转移的成本，fin 是普惠金融发展水平，则 $\frac{\partial T}{\partial fin} < 0$，即普惠金融发展水平越高，劳动力转移成本越低。

另外，劳动力是否转移，还取决于迁移后获得的收入大于没有迁移之前的收入，反之，则不选择转移。

劳动力迁移模型可以表述为:

$$U(\log y_u) > U(\log y_r) \tag{6.15}$$

从动态来看,劳动力转移实现均衡的条件是劳动者在城市部门获得的收入等于其在农村非技术部门获得的净收入,如图6-2所示。

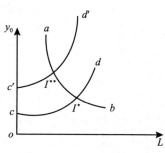

图6-2　劳动力转移均衡

其中,横坐标代表农村劳动力数量,纵坐标代表农村居民收入水平。劳动者在农村非技术部门获得收入的函数用 ab 表示,即 $y_0 = \beta p_i A_i L^{\beta-1} + (1+\rho)w_0 - c$,劳动者转移到城市技术部门所获得的个人净收入用 cd 表示。

此处以 $f \leqslant w_0 < e$ 为例,即:

$$y_0 = \beta p_h A_h (N-L)^{\beta-1} + (1+\rho)w_0 - (1+R)e - T \tag{6.16}$$

根据前文的分析,随着普惠金融的发展, $T(fin)$ 和 R 会下降, y_0 会上升, cd 向上移动到 $c'd'$。此时,均衡点 I^* 变为 I^{**},有更多的农村劳动力转移到城市技术部门。

综上所述,随着农村普惠金融的不断发展,对教育投入的加大,使得农村受教育水平不断提高,农村居民逐渐转移到城市技术部分,成为城市技术劳动力,从而不断缩小城乡收入差距。

(2)收入分配与农村减贫。在社会平均收入既定的情况下,贫困群体的财富值会随着收入分配的减少而增多,因此,收入分配的减少对减缓贫困具有积极作用,但是收入分配与贫困减缓之间的关系也不是绝对的,它会受到诸多因素的干扰。例如收入水平,收入水平越高的地区,城乡收入差距的减小会对贫困减缓产生较强的反应,反之,反应越弱。(陈立中,2008)。

6.2 农村普惠金融发展影响
贫困减缓机制实证检验

6.2.1 多重中介效应检验

农村普惠金融减贫的作用机制主要表现在直接和间接两个方面。直接影响主要表现在普惠金融可以以村镇银行和农村资金互助社为依托，通过创新信贷产品和流程，创新抵押担保方式等途径，方便农户获得信贷服务，使农户有资金去发展生产、就业或创业。另外，普惠金融机构也可以通过降低涉农经济组织的金融服务门槛，帮助涉农经济组织壮大和发展，使涉农经济组织在解决农村就业、延长农业产业链、提高农户收入方面发挥其作用。而间接影响则是普惠金融发展能够刺激经济增长，涓滴效应可以使低收入群体从中受益，同时通过调节收入分配，缩小贫富差距，低收入群体也能从中获得更多好处，从而更好地发挥金融减贫作用。从这种意义上说经济增长和收入分配实质上是普惠金融与贫困减缓之间的中介变量，因此本章借助多重中介效应模型，实证检验普惠金融减贫的间接影响机制。

6.2.1.1 多重中介效应模型简介

中介变量是两个连续变量之间的过渡变量，在这里设自变量为 X，中介变量为 M，应变量为 Y，则简单中介变量是 X 的变化引起 M 的变化，继而引起 Y 的变化，而多重中介变量则是指多个中介变量在自变量和应变量之间发挥作用。多重中介变量如图 6-3 所示。

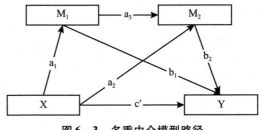

图6-3 多重中介模型路径

6.2.1.2　变量及分析方法选取

（1）变量选取与数据说明。农村多维贫困程度采用第 4 章计算的多维贫困指数表示，农村普惠金融发展程度采用第 3 章计算的农村普惠金融指数（IFI）表示，经济增长水平采用各地区的人均地区生产总值的对数表示，以解决其异方差问题，收入分配程度运用各地区城镇居民人均可支配收入与农村地区人均可支配收入之比表示。变量的描述性统计见表 6 - 1。

表 6 - 1　　　　　　　　　　　　　　变量描述和统计

变量	个案数	最小值	最大值	平均值	标准差
农村普惠金融指数	286	0.030	0.570	0.218	0.103
多维贫困指数	286	0.083	0.803	0.319	0.138
经济增长	286	0.604	9.689	3.377	1.720
收入分配差距	286	2.991	7.138	4.817	0.924

（2）分析方法的选取。本章采用结构方程作为分析方法，之所以会选用该方法是因为，结构方程模型是基于变量的协方差矩阵，综合运用多元回归分析以及路径分析等来分析变量之间关系的一种统计方法。由于结构方程模型具有同时处理多个因变量、自变量、中介变量的能力。因此，运用结构方程模型对本章的实证研究是十分合适的。本章采用极大似然法对模型进行估计，同时在中介效应检验中采用 Boostrap 法对中介效应的显著性进行检验。

目前，主要用系数成积检验法、差异系数检验法和 Bootstrap 检验法来检验中介效应。相比较其他方法，Bootstrap 检验法更适用于多重中介效应模型。Bootstrap 检验法强调从总体样本中反复抽样，从而得到需要的样本，并且 Bootstrap 检验法中的最终参数是每次抽样所得参数的平均值。Bootstrap 检验法的优点是脱离了对分布假定及理论标准误的依赖，统计方法更为科学。

6.2.1.3　中介效应检验

（1）变量间的相关性分析。表 6 - 2 显示了农村普惠金融指数、多维贫困指数、经济增长和收入分配之间的相关性。从表 6 - 2 中可以看出，多维贫困指数与农村普惠金融指数呈现正相关，即农村普惠金融发展水平越高，农村贫困程度越弱；农村普惠金融指数与经济增长正相关，说明农村普惠金融发展水平越高，农村经济增长情况越好；农村普惠金融指数与城乡收入分配差距负相关，说明农村普惠金融发展水平越好，城乡收入分配差距越小；经济增长与城乡收入差距存在显著的负相关，说明经济增长越快，城乡收入分配差距越小。另外，多维贫困指数和经济增长，收入差距之间也存在着正、负相关关系，表明农村经济增长越快，城乡收入分配差距越小，农村贫困程度越弱。

表 6 - 2　　　　　　　　　　变量之间的相关性分析

变量		农村普惠金融指数	多维贫困指数	经济增长	收入分配差距
农村普惠金融指数	皮尔逊相关性 显著性（双尾）	1	0.432 *** 0.000	0.650 *** 0.000	0.358 *** 0.000
多维贫困指数	皮尔逊相关性 显著性（双尾）	- 0.432 *** 0.000	1	0.512 *** 0.000	- 0.679 *** 0.000
经济增长	皮尔逊相关性 显著性（双尾）	0.650 *** 0.000	0.512 *** 0.000	1	- 0.504 *** 0.000
收入分配	皮尔逊相关性 显著性（双尾）	- 0.358 *** 0.000	- 0.679 *** 0.000	- 0.504 *** 0.000	1

注：*** 表示在 1% 水平上显著。

（2）模型拟合度验证。本章通过卡方（x^2）、近似误差均方根指数（RMSEA）、标准化残差均方根（SRMR）比较拟合指数（CFI）和非标准适配度指标（TLI）、信息准则（AIC）和贝叶斯信息准则（BIC）等指标验证模型拟合度。通过以上几个指标的分析，得到中介效应模型的拟合指数如表 6 - 3 所示。

表 6 - 3　　　　　　　　　　模型的主要拟合指数

拟合指标	x^2	DF	RMSEA	SRMR	CFI	TLI	AIC	BIC
判断标准			<0.08	<0.08	>0.9	>0.9		
结构模型	0.000	0	0	0	1	1	1142.321	1186.193

从表6-3可以看出，x^2的值为0，DF为0，说明模型中所有参数只能有唯一解，形成数据与模型间完美适配的情形，因此该模型结构为饱和模型。

（3）模型路径检验分析。图6-4显示了以经济增长和收入分配为中介变量，普惠金融发展对贫困减缓的作用路径。

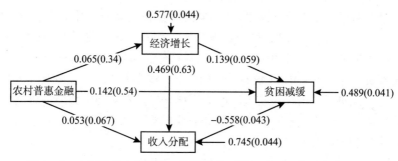

图6-4　农村普惠金融指数、经济增长、收入差距和贫困减缓的关系

根据图6-4和表6-4可得，其一，农村普惠金融发展显著正向影响贫困减缓（$\beta = 0.142$，$p < 0.01$）；其二，经济增长显著正向影响贫困减缓（$\beta = 0.139$，$p < 0.05$）；其三，收入分配差距显著负向影响贫困减缓（$\beta = -0.558$，$p < 0.001$）；其四，农村普惠金融发展显著正向影响经济增长（$\beta = 0.065$，$p < 0.001$）；其五，农村普惠金融发展负向影响收入分配差距，但并不显著（$\beta = -0.053$，$p > 0.05$）；其六，经济增长显著负向影响收入分配差距（$\beta = -0.469$，$p < 0.001$）。

表6-4　　　　　　　　　　模型路径分析检验结果

路径		标准化系数	非标准化系数	标准误	T值	P值
农村普惠金融指数 →	经济增长	0.650	10.860	0.750	14.474	0.000
农村普惠金融指数 →	收入分配差距	-0.053	-0.471	0.602	-0.782	0.434
经济增长 →	收入分配差距	-0.469	-0.252	0.036	-6.990	0.000
农村普惠金融指数 →	多维贫困指数	0.142	0.190	0.073	2.604	0.009
经济增长 →	多维贫困指数	0.139	0.011	0.005	2.356	0.018
收入分配 →	多维贫困指数	-0.558	-0.083	0.007	-11.646	0.000

（4）模型中介效应分析。本次中介效应检验中，设置 Bootstrap 次数为 5000，采用偏差校正的非参数百分位 Bootstrap 法估计具体中介效应的显著性。从表 6-5 可以看出，农村普惠金融指数→经济增长→多维贫困指数这条路径中，置信区间不包含 0（0.014，0.241），说明经济增长在农村普惠金融指数与多维贫困指数中存在显著的中介效应，中介效应的大小为 0.090，中介效应占总效应的 0.090/0.432 = 20.8%；农村普惠金融指数→收入分配差距→多维贫困指数这条路径中，置信区间包含 0（ -0.045，0.117），说明收入分配差距在农村普惠金融指数与多维贫困指数中不存在显著的中介效应；农村普惠金融指数→经济增长→收入分配差距→多维贫困指数这条路径中，置信区间不包含 0（0.171，0.301），说明经济增长、收入分配差距在农村普惠金融指数与多维贫困指数中存在显著的链式中介效应，中介效应的大小为 0.170，中介效应占总效应的 0.170/0.432 = 39.4%。

表 6-5 中介效应分析结果

效应	间接路径	标准化系数	非标准化系数	S. E.	95% 置信区间	
					Lower	Upper
间接效应	农村普惠金融指数→经济增长→多维贫困指数	0.090	0.121	0.070	0.014	0.241
	农村普惠金融指数→收入分配差距→多维贫困指数	0.029	0.039	0.049	-0.045	0.117
	农村普惠金融指数→经济增长→收入分配差距→多维贫困指数	0.170	0.228	0.039	0.171	0.301
直接效应	—	0.142	0.190	0.099	0.031	0.354
总间接效应	—	0.290	0.389	0.078	0.267	0.523
总效应	—	0.432	0.579	0.087	0.438	0.726

6.2.2 影响城乡收入差距的人力资本、劳动力转移机制检验

从中介效应模型可以看出，虽然收入分配在农村普惠金融指数与贫困减缓中不存在显著的中介效应；但是经济增长、收入分配在农村普惠金融指数与贫困减缓之间存在显著的链式中介效应，且其在总效应中所占的比

重（39.4%）超过了经济增长在普惠金融发展与贫困减缓中的中介效应占总效应的比重（20.8%），也就是说，普惠金融发展可以通过经济增长的传递作用，很好地发挥收入分配的减贫效果。而与此同时，收入分配差距的降低，对经济增长之间有显著的正向效应，因此有效地缩小收入分配差距，可以促进经济增长，从而带动贫困减缓。

另外，根据理论分析，普惠金融发展会在提高人力资本，促进农村劳动力向城市转移方面发挥作用[1]。本章以理论为基础，借助面板数据模型和系统 GMM 检验方法实证检验城乡收入差距的人力资本和劳动力转移机制。

6.2.2.1　模型设定与数据说明[2]

（1）模型设定。为了避免出现异方差，模型中的各变量均采用对数形式。

为验证上述理论分析，故构建以下计量模型，具体模型如下：

$$lny_{i,t} = \beta_0 + \beta_1 edu_{i,t} + \beta_2 labortransfer_{i,t} + \beta_3 eduyear_{i,t} + \beta_4 unemployment_{i,t}$$
$$+ \beta_5 sethi\_ind_{i,t} + \beta_6 open_{i,t} + \beta_7 cpi_{i,t} + u_{i,t} \tag{6.17}$$

其中，i 代表省份，t 代表年份，$y_{i,t}$ 是 i 省 t 年的城乡收入差距，$edu_{i,t}$ 是 i 省 t 年的平均受教育程度，$labortransfer_{i,t}$ 是 i 省 t 年的劳动力转移率，$unemployment_{i,t}$ 是 i 省 t 年的城镇失业率，$sethi\_ind_{i,t}$ 是 i 省 t 年的二三产业占比，$open_{i,t}$ 是 i 省 t 年的对外开放度，$cpi_{i,t}$ 是 i 省 t 年的物价变动指数，$eduyear_{i,t}$ 是 i 省 t 年的受教育年限。

（2）数据说明。

①被解释变量和关键解释变量。被解释变量为城乡居民收入差距：本章用城镇居民人均可支配收入与农村居民人均可支配收入的比值来表示。

关键解释变量为农村居民人力资本程度（edu）：本章选用 15 岁以上农村人口中的文盲率这一反向指标反映农村的总体文化素质情况。

劳动力转移程度。劳动力转移程度用农村劳动力转移率表示（$labor$），

---

① 原计划对普惠金融的人力资本传导机制和劳动力转移机制进行分析，即研究普惠金融与人力资本和劳动力转移的辩证关系，但是在实证检验过程中二者之间的关系并不显著。笔者认为可能是由于普惠金融对人力资本和劳动力转移要发挥效用，需要非常长的时间及过程，而普惠金融发展较晚，而目前数据并不能证明他们之间的显著关系，因此在本章只是进行了理论解释，而没有相关的实证证明。

② 该部分指标选取借鉴张彤进的相关研究。张彤进：《中国包容性金融发展对城乡居民收入差距的影响机制研究》，天津财经大学博士学位论文，2016 年。

计算公式为：

$$劳动力转移率 = \frac{农村从业人员数量 - 农村第一产业从业人员数量}{农村从业人员数量}$$

控制变量为第二、第三产业占比（*production*）：该指标用各省第二产业增加值和第三产业增加值总和与各省 GDP 的比值衡量。

就业压力（*une*）：本章选择城镇登记失业率作为衡量就业压力的指标。

对外开放度：该指标用各省进出口总额与各省 GDP 的比值衡量。

物价变动水平：该指标用各年的消费物价指数表示。

同时本章用平均受教育年限作为补充控制变量，计算公式为：

$$平均受教育年限 = 文盲半文盲比例 \times 1 + 小学比例 \times 6 + 初中比例 \times 9$$
$$+ 高中比例 \times 12 + 中专以上比例 \times 13$$

②变量的描述性统计。从表 6 - 6 可以看出，我国各地城乡平均收入差距为 4.82，最高可达 7.14，最低至 2.99，我国城乡收入差距问题依然严重。另外，各地农村教育平均年限只有 6.8 年，未达到 9 年义务教育年限标准，农村居民教育水平仍需提高。劳动力转移率平均值为 45%，但最低值仅为 20.7%。

表 6 - 6　　　　　　　　　　主要变量的描述性统计

Variable	Obs	Mean	Std. Dev.	Min	Max
y	286	4.817498	0.9236024	2.991266	7.138336
edu	286	6.846818	3.847793	3.69	18.27
labortrans ~ r	286	0.443627	0.1739023	0.207383	0.822372
unemployment	286	3.564336	0.5508406	1.7	5.1
sethi_ind	286	0.877206	0.049168	0.666153	0.9584101
open	286	0.294517	0.4621927	0.0255985	4.916625
cpi	286	103.6533	2.182273	100.3	112.3
eduyear	286	8.525379	0.6923103	6.593961	10.10491

6.2.2.2　模型计算过程及结果分析

（1）人力资本和劳动力转移与城乡收入差距：基准回归。首先用豪斯曼检验来确定使用固定还是随机效应模型。依据检验标准，假定此处适合的模型为随机效应模型，如果检验出卡方值的结果拒绝了此假设，则说明不应当选择随机效应模型，而选择固定效应模型。检验结果如表 6 - 7 所示。

表 6 - 7　模型检验

模型	卡方值	P 值
模型 1	53. 97	0. 0000
模型 2	41. 93	0. 0000

根据检验结果，模型 1 和模型 2 都在 1% 的水平下拒绝原假设，说明应使用固定效应模型。模型结果如表 6 - 8 所示。

表 6 - 8　模型处理结果

VARIABLES	(1) lny	(2) lny
edu	- 0. 0180 *** (0. 00198)	- 0. 0178 *** (0. 00253)
labortransfer	- 1. 086 *** (0. 0613)	- 0. 716 *** (0. 0863)
eduyear	—	- 0. 0301 ** (0. 0144)
unemployment	—	- 0. 0259 ** (0. 0131)
sethi_ind	—	0. 118 (0. 254)
open	—	- 0. 0231 ** (0. 0107)
cpi	—	0. 0147 *** (0. 00163)
Constant	2. 160 *** (0. 0365)	0. 723 ** (0. 339)

续表

VARIABLES	(1) lny	(2) lny
Observations	286	286
R-squared	0.549	0.670
Number of id1	26	26

注：＊＊＊、＊＊分别表示在1%、5%的统计水平上显著；括号内为标准误差。

从表 6 - 8（1）中可以看出，无论加不加控制变量，edu 和 labortransfer 都在 1% 的水平下显著为负。edu 和 labortransfer 对城乡居民收入差距有显著的负向作用，即教育程度的提高和劳动力转移程度的提高都有助于城乡居民收入差距的减小。其他控制变量中，教育年限对城乡居民收入差距有显著负向影响，城镇失业率对城乡居民收入差距有显著的负向影响，第二、第三产业占比对城乡居民收入差距的影响不显著，对外开放度对城乡居民收入差距有显著的负向影响，物价变动指数对城乡居民收入差距有显著的正向影响。

为避免内生性问题，本章还采用了 GMM 方法对模型进行检验。在使用 GMM 估计时，使用因变量的滞后变量做工具变量，估计结果如表 6 - 9 所示。

表 6 - 9　　　　　　　　　　GMM 方法对模型的检验结果

VARIABLES	lny
L. lny	0.407 ＊＊＊ (0.0229)
edu	− 0.0120 ＊＊＊ (0.000700)
labortransfer	− 0.966 ＊＊＊ (0.0401)
unemployment	0.00627 (0.00545)
sethi_ind	− 0.126 ＊ (0.0705)

续表

VARIABLES	lny
open	0. 0268 ***
	(0. 00231)
cpi	0. 00231 ***
	(0. 000489)
eduyear	- 0. 0195 ***
	(0. 00275)
Constant	1. 449 ***
	(0. 0952)
Observations	234
Number of id1	26

注：*** 、* 分别表示在1% 、10% 的统计水平上显著；括号内为标准误差。

从表6 – 9可以看出，模型包含了因变量的滞后一阶变量，并使用滞后二阶到滞后四阶作为工具变量，结果显示 edu 和 labortransfer 依然在1%的水平下显著为负。然后对 GMM 模型进行如下的检验。

首先进行自相关检验。检验结果如表6 – 10所示。

表6 – 10　　　　　　　　　GMM 模型自相关检验

Order	z	Prob > z
1	- 3. 0831	0. 0020
2	- 1. 4516	0. 1466

检验结果说明不存在二阶自相关，所以接受原假设扰动项无自相关。

然后进行过度识别检验，检验结果为：

Sargan test of overidentifying restrictions

H0：overidentifying restrictions are valid

chi2(23) = 25. 17162

Prob > chi2 = 0. 3415

检验结果相应的 P 值为 0. 3415，在 10% 的水平下无法拒绝所有工具变量都有效的假设，所以通过检验。

（2）稳健性检验。为确保上述估计结果的可靠性，在稳健性检验中，本章将样本分为东部地区和中西部地区，考察不同区域教育程度、劳动力转移对城乡居民收入差距的影响。

表6－11中模型一是东部地区结果，模型二是中西部地区结果。从表中的显示结果可以看出，edu和labortransfer在两个模型里都显著为负，所以通过稳健性检验。

表6－11　　　　　　　　稳健性检验结果

VARIABLES	(1) lny	(2) lny
edu	− 0. 0258 *** (0. 00532)	− 0. 0165 *** (0. 00265)
labortransfer	− 0. 716 *** (0. 116)	− 0. 538 *** (0. 114)
unemployment	− 0. 0472 ** (0. 0197)	− 0. 0191 (0. 0158)
sethi_ind	− 0. 0542 (0. 512)	0. 255 (0. 268)
open	− 0. 0125 (0. 00993)	− 0. 167 *** (0. 0306)
cpi	0. 0147 *** (0. 00262)	0. 0142 *** (0. 00179)
eduyear	− 0. 0120 (0. 0237)	− 0. 0510 *** (0. 0159)
Constant	0. 756 (0. 661)	0. 784 ** (0. 358)
Observations	88	198
R-squared	0. 794	0. 713
Number of id1	8	18

注：***、**分别表示在1%、5%的统计水平上显著；括号内为标准误差。

6.3　本 章 小 结

本章分为相互关联的两个部分。

第一部分，本章在总结国内外金融减缓贫困作用机制相关研究基础上，系统阐述了农村普惠金融减缓贫困的直接作用机制和间接作用机制。直接作用机制方面，本章认为普惠金融可以以村镇银行和农村资金互助社为依托，通过创新信贷产品和流程，创新抵押担保方式等途径，方便农户获得信贷服务，使农户有资金去发展生产、就业或创业。另外，普惠金融机构也可以通过降低涉农经济组织的金融服务门槛，帮助涉农经济组织壮大和发展，使涉农经济组织在解决农村就业，延长农业产业链，提高农户收入方面发挥其作用。间接作用机制方面，本章认为普惠金融发展能够刺激经济增长，涓滴效应可以使穷人从中受益，同时通过调节收入分配，缩小贫富差距，穷人也能从中获得更多好处，从而更好地发挥金融减贫作用。同时，本章借助于内生增长模型、世代交替模型、劳动力转移模型，从数量关系上说明了农村普惠金融与农村经济增长、农村普惠金融借助于人力资本和劳动力转移传导机制来缩小城乡收入差距，从而达到贫困减缓。该论述认为从理论上农村的经济增长，以及通过人力资本和劳动力转移等方式缩小城乡收入差距都会带来农村贫困的减缓。

第二部分，为了验证农村普惠金融的间接作用机制，本章借助于多重中介效应模型验证了农村普惠金融、经济增长、收入分配和贫困减缓之间的内在联系，以经济增长和收入分配作为普惠金融和农村贫困减缓的中介变量。可以得出，虽然收入分配在农村普惠金融与多维贫困减缓中不存在显著的中介效应，但经济增长在农村普惠金融与多维贫困减缓中存在显著的中介效应，中介效应占总效应的20.8%；并且，经济增长、收入分配差距在农村普惠金融与多维贫困减缓中存在显著的链式中介效应，且中介效应占总效应的39.4%；经济增长、收入分配在农村普惠金融发展与贫困减缓之间的链式中介效应在总效应中所占的比重超过了经济增长在农村普惠金融发展与贫困减缓中的中介效应占总效应的比重，因此，农村普惠金融发展可以通过经济增长的传递作用，很好地发挥收入分配的减贫效果。在此基础上，由于收入差距的缩小对于经济增长和贫困减缓具有重要意义，因此本章进一步建立面板数据模型，运用GMM检验方法验证了影响城乡收入差距的人力资本和劳动力转移机制。通过验证结果显示，人力资本和劳动力转移与城乡收入差距之间存在显著的负向效应，人力资本的提高和劳动力的合理转移有利于改善中国的城乡收入分配格局，而且这一结论通过东部地区和中西部地区划分后也得到了验证。其他控制变量中，教育年限对城乡居民收入差距有显著负向影响，城镇失业率对城乡居民收入差距有显著的负向影响，第二、第三产业占比对城乡居民收入差距的影响不显著，对外开放度对城乡居民收入差距有显著的负向影响，物价变动指数对城乡居民收入差距有显著的正向影响。

第 7 章

研究结论及政策建议

7.1 研 究 结 论

　　本书立足我国农村地区普惠金融和多维贫困现状，研究普惠金融发展对农村多维贫困的作用效果、运行机制，探索建立一条减缓农村多维贫困，保障农户福利水平的普惠金融体系发展新路径。本书构建评价指标体系，测算农村普惠金融和多维贫困程度；借助 PSTR 模型检验农村普惠金融发展对总体贫困、经济贫困和社会贫困的非线性影响效应；基于中介效应模型，检验农村普惠金融如何通过经济增长和收入差距的中介效应实现减贫目标；另外，收入差距的缩小对于经济增长和贫困减缓具有重要意义。本书利用动态面板模型和 GMM 检验方法进一步验证了影响城乡收入差距的人力资本和劳动力转移机制。本书得出以下结论和启示。

　　第一，我国农村普惠金融发展水平整体呈上升趋势，但其发展水平仍然很低，呈现出明显的"东高，西低、中部居中"的区域差异特征。另外，在农村普惠金融未来发展过程中，需要依赖观念的进步以及制度建设以促进农村普惠金融使用效率的不断提高，而网上银行，手机银行等新型金融工具将会对其使用效率的提高具有重要作用。

　　第二，中国农村总体贫困状况呈下降趋势，但长期以来，政府更关注经济维度贫困的降低，而忽视了农村教育、医疗等社会维度的贫困。2020年，消除绝对贫困的目标已经达成，因此多维贫困的同步减缓，尤其是社会维度贫困的下降和稳定全面建成小康社会，对实现乡村振兴具有相当重要的作用。

第三，中国农村普惠金融指数与总体贫困指数、经济贫困指数和社会贫困指数之间都存在非线性关系，并且存在一个门槛值。在农村普惠金融指数跨越门槛值之后，农村普惠金融发展会对贫困减缓产生显著的正向影响。同时，在总体贫困效应探讨中，控制变量的政府干预和经济发展水平在跨越门槛值之后，表现出明显的减贫效应。在社会维度贫困效应的探讨中，控制变量中的城镇化水平在跨越门槛值之后，也会存在显著的减贫效应。

第四，以经济增长和收入分配作为普惠金融和农村贫困减缓的中介变量，可以得出，虽然收入分配在农村普惠金融与多维贫困减缓中不存在显著的中介效应，但经济增长在农村普惠金融与多维贫困减缓中存在显著的中介效应，中介效应占总效应的20.8%；并且，经济增长、收入分配差距在农村普惠金融与多维贫困减缓中存在显著的链式中介效应，且中介效应占总效应的39.4%；经济增长、收入分配在农村普惠金融发展与贫困减缓之间的链式中介效应在总效应中所占的比重超过了经济增长在农村普惠金融发展与贫困减缓中的中介效应占总效应的比重，因此农村普惠金融发展可以通过经济增长的传递作用，很好地发挥收入分配的减贫效果。另外，通过验证也可以得出，人力资本、劳动力转移和城乡收入差距之间存在显著的负向效应，人力资本的提高和劳动力的合理转移有利于改善中国的城乡收入分配格局，而且这一结论通过东部和中西部地区划分后也得到了验证。

7.2　政策建议

基于以上得到的结论，本书提出了基于农村多维贫困减缓的普惠金融发展策略。

7.2.1　促进农村普惠金融可持续发展

金融是经济的血脉，二者相辅相成。2020年底，我国脱贫攻坚取得胜利后，接下来的工作就是要全面推进乡村振兴，2020年后，中国农村贫困结构发生根本变化，绝对贫困界以消除。然而，社会、环境与生态等多维贫困则赋予新时期农村反贫困战略新的内涵与挑战，也对农村普惠金融服务提出新的要求。

基于我国农村普惠金融整体发展水平低，农村普惠金融使用效率弱且呈现出"东高、西低、中部居中"的区域差异特征现状，政府应大力发展农村普惠金融，提升农村普惠金融发展水平，用以覆盖多维贫困严重的农村家庭等长尾群体，鼓励金融机构创新金融产品和服务方式，特别是加大网上银行，手机银行等新型金融工具的使用和创新，以有效满足贫困群体的基本金融服务需求为目的，不断提高农村普惠金融使用效率，从而达到更好的减贫效果。另外，基于农村普惠金融的贫困减缓效应在区域间存在发展不平衡的状况，制定差异性的农村普惠金融减贫战略也同样势在必行。

7.2.1.1 构建多样化的农村普惠金融体系

农村普惠金融的减贫效应存在先减弱后增强的"U"型特征，这对普惠金融发展的持续性提出了更高的要求。普惠金融保持长期稳定发展的前提是金融服务体系的不断优化更新，多样化的金融机构不仅能为普惠金融需求者提供更多适合的金融产品和服务，也能够激发金融行业的良性竞争，推动行业可持续发展。因此，在强调金融监管的同时，为了给金融体系发展注入新的推动力，也应当鼓励非正规金融机构的发展，为非正规金融机构提供良好的发展环境，降低民间金融机构的准入门槛，给予一定的政策支持。另外，政府可以在给予非正规金融机构发展政策支持的同时，针对性地引导金融资本流向目前普惠金融渗透性不足、可获得性差、效用较低的地区，为金融发展不充分的地区增加金融供给，促进所有地区实现普惠金融减贫拐点的跨越，更好地发挥多维减贫效应。

7.2.1.2 发挥普惠金融机构比较优势，形成金融服务合力

在农村普惠金融机构多样化前提下，基于各机构比较优势开展合作，从而形成金融服务合力，为多维贫困缓解、巩固拓展脱贫成果乃至接续乡村振兴发挥效能。政策性银行使命责任明确、不以营利为目的、资金成本较低，应着眼农村土地制度改革，聚焦农业农村现代化发展的薄弱环节，强化金融服务方式创新，加大对乡村的长期信贷支持；大型国有商业银行资金雄厚、业务种类齐全、人才储备充裕，要发挥好国有大型银行的引领作用，大力发展普惠金融业务，加大"三农"特色产品创新和整合力度，大力支持农村民营企业和中小发展，推动乡村商业可持续发展。邮储银

行、农村信用社、农村商业银行以及村镇银行等中小型地方金融机构根植于县域经济，具有网点多、人脉熟、信息链条短、决策效率高的优势，是支持乡村发展的生力军和联系农户的最好的金融纽带。要发挥好"毛细血管"作用，进一步创新支农产品，加强对农民贴身金融服务，让普惠金融服务延伸到"最后一公里"。

7.2.1.3 借助互联网金融加大农村普惠金融服务创新

金融普及面的提高不能单纯依靠传统金融行业，互联网金融可以在很大程度上解决农村地区因交通不便而带来的金融地域限制问题，从而大大节约金融交易成本，提高金融覆盖面，因此互联网金融已逐渐成为提升农村普惠金融效率的关键。一方面，针对农村需求特点，鼓励农村普惠金融机构推进农村电子银行建设，开发更多适应农村、更具效率的业务模式，解决农村金融机构不足、服务地区偏远、服务对象分散的问题。另一方面，鼓励农村普惠金融机构开发以农村金融需求为核心的互联网金融产品，力求使其设计的产品成本低，且能够有效保障资金的投放和回收；以当前快速发展的"互联网＋"为背景，开发互联网金融新业务，在拓展互联网金融产品同时，推动农村渠道、信息、物流等问题的解决；加速发展农村地区的电子商务。另外，加强互联网金融和传统金融的线上、线下合作，将农村普惠金融向立体化方向推进。

7.2.1.4 加强农村地区金融教育，提升普惠金融认知深度

用户良好的金融素养是营造优良金融环境的基础，是推动普惠金融发展的根本。受到教育体系影响，农村居民普遍存在金融素养偏低问题，使得乡村振兴背景下农村普惠金融发展受阻。因此，乡村地区要注重提升金融教育供给，不断加强农村居民对普惠金融认知深度。首先，要进行农村地区金融教育规划，开展合理有序的金融教育。由于乡村地区之间发展有所差异，其居民金融知识掌握程度以及经济行为特征不同，各地区应当全面摸查本区域农村居民情况，并分析如何开展金融教育、开展何种金融教育、怎样提升金融素养等内容，从而有序地开展农村地区金融教育。其次，注重强化普及性金融教育。乡村地区应当形成金融教育体系，定期邀请经济专业学者、金融机构职员等专家走进乡村，到农村深处开展金融知识宣讲，从而丰富农村居民信息获取渠道，提高其金融素养，同时，要注重提升基础教育中金融知识比例。通过提升金融知识在基础教育中的占

比，能够有效提升中小学生金融素养，进而产生连带效应影响，促使其家庭金融素养提升。最后，要发挥农村金融机构教育价值。合作社及乡镇银行等机构应当在开展业务办理时同步进行金融教育，通过实例演示、视频宣传等方式提升用户风险意识与金融意识，从而为普惠金融发展夯实基础。应区分不同层次和年龄的人群以及不同人群的金融需求点开展主题宣传活动，要将专业的金融知识转化成通俗易懂的内容，以农民的生活为切入点，活泼生动地进行金融知识的培训，增强农户对金融知识的理解和认同感。

7.2.1.5 制定差异化的农村普惠金融发展策略，实现区域平衡发展

鉴于农村普惠金融的贫困减缓效应在区域间存在发展不平衡的状况。可以考虑制定差异化的普惠金融发展战略。东部地区农村普惠金融发展水平较高，因此这些地区可以通过金融服务创新，提供多样化的金融产品，如大力发展互联网金融、农村移动支付，鼓励正规金融和民间金融的有效联结等。而对于农村普惠金融发展水平还相对较低的中西部地区，其首要的任务是加强农村金融基础设施建设，通过网点建设不断拓宽服务范围，改善贫困人群的存取款、信贷、医疗保险等基本金融服务的质量，提升农村金融普惠度。

7.2.2 促进金融扶贫与乡村振兴的有效衔接

基于总体贫困效应探讨中，控制变量的经济发展水平在跨越门槛值之后，表现出明显的减贫效应。因此，加快区域农村经济发展可以从根本上对多维贫困的缓解带来有效的帮助和支持。区域农村经济发展关系到社会民生的各个方面，而经济发展需要社会各个方面的均衡发展，特别是大量的资金注入。农村普惠金融可以在区域农村经济发展中提供一定的资金支持，助力各行各业实现有效运转，从而与乡村振兴有效衔接。

7.2.2.1 助力第一、第二、第三产业融合发展

农村普惠金融应按照推进农业供给侧结构性改革的要求，着力于构建现代农业产业体系，优化粮、经、饲农业产业结构，促进农村第一、第二、第三产业融合发展，进一步优化农村产业结构，重点发挥金融在支持

农业科技、农业产业化经营、农产品加工、农业旅游、农业信息化、农产品仓储物流等方面的作用。农村金融机构应以优化农业产业结构为导向，鼓励农业产业推进粮食生产、购销、加工、销售、流通等一体化的全产业链的发展，为促进农业产业链的发展提供金融支持。另外，还要充分利用信贷、产业链金融、保险、期货等多种金融产品和方式大力培育普通农户、专业大户、家庭农场、农民专业合作社、农业企业等多种形式的农业经营主体，助力农业变强。

7.2.2.2　助力农业绿色发展。

农业绿色发展是今后我国农业发展的主导方向，大力推广绿色环保农业生产技术，发展绿色生态农产品，对于推进农业供给侧结构性改革，实施乡村振兴战略及质量兴农战略具有十分重要的意义。进一步完善农业绿色信贷、农业绿色保险、农业绿色债券等绿色金融产品引导农业产业向绿色发展转变。重点支持农业绿色产品生产，对生产农用环保物资的企业给予更大力度的优惠措施，对绿色生态农业经营主体给予更大力度的优惠措施。通过绿色金融项目支持地方性农业龙头企业作为核心企业，以农业绿色供应链金融的方式引导和鼓励种养殖大户进行生态化、无公害化、科技化、集约化农业生产，促进农业绿色发展，促进农业产业兴旺，助力乡村振兴战略目标的实现。

7.2.2.3　助力提高农村居民生活消费水平

围绕农村居民提高收入水平、保障收入稳定性、提高生活水平和消费水平的金融需求，要充分发挥农村普惠金融在提高和稳定农村居民收入水平方面的重要作用。金融机构要大力支持农民工返乡创业、农户创业，并积极支持可以吸纳农村居民就业的企事业单位，为其提供合适的信贷产品和保险产品，助力完善农村居民收入持续稳定增长机制。同时要通过大力推动政策性农业保险、农业收入保险、农产品价格指数保险等保险产品的发展，充分发挥保险在应对农村居民所面临的风险、稳定农民收入方面的重要作用。另外，充分发挥农村普惠金融在提高农村居民生活消费水平方面的重要作用，积极推动可以更好地适应农村居民消费特点的多样化的消费信贷产品的发展。

7.2.2.4　大力提高新型城镇化水平

一方面，国家应该加大对普惠金融政策的支持力度，拓宽新型城镇化建设的融资平台，使新型城镇化建设的资金需求得到有效的满足，实现新型城镇化建设质量的提升，以此来促进新型城镇化建设与高质量经济发展目标的耦合度；另一方面，在普惠金融支持土地城镇化建设上，一定要注意地方政府的积极干预，切勿造成土地资源浪费或低效利用，这样才能保证稀缺的土地资源得到合理开发和高效配置，实现人口城镇化、产业城镇化以及土地城镇化协调发展能力的有效提升，加速现代化经济体系的合理化构建，最终促进实体经济的高质量发展。

7.2.3 强化普惠金融对农村人力资本提升及劳动力转移的支持力度

农村普惠金融通过经济增长和收入分配机制作用于农村贫困减缓，而农村人力资本的提升和农村劳动力的合理流动对于缩小城乡居民收入差距有显著影响。因此，应重视普惠金融发展在促进农村人力资本提升方面和劳动力合理转移过程中的作用。

7.2.3.1 发挥普惠金融对农村教育、医疗的纾解效应

鉴于一些农村地区"上学远、上学难、上学贵"和农村师资严重缺乏、教育经费严重不足等问题，应在加强政府支出的同时，设法将多元化的金融服务和金融产品覆盖到所有偏远地区，使农村居民能够在可负担的成本范围内，便捷地获得贷款支持，进而投资教育。与此同时，引导资金向农村教育领域流动，大力发展农村教育。农村普惠金融可以将提升农村教育水平作为其精准扶贫的瞄准工具，通过信贷产品的合理设计，为农村贫困家庭提供必要的教育信贷，减少农村贫困家庭的教育费用压力。另外，由于家庭成员生病，农村家庭无法支付高昂的医疗费用而进行借贷甚至借高利贷往往是导致农村家庭致贫和返贫的又一原因，因此农村普惠金融机构应该从信贷方面加强对农村医疗卫生基础设施建设的扶持，提高农村医疗条件和农村居民的就医环境，在农村地区设立专项扶贫保险，鼓励农村家庭在资金充裕的情况下，购买医疗保险，降低农村家庭因病致贫的风险概率。

7.2.3.2 借助普惠金融，促进农村劳动力合理流动

实践证明，劳动力流动对于优化资源要素配置、增加农户家庭收入、

提高农村消费水平、改善家庭福利、缓解农户贫困和缩小收入差距具有积极作用。如何建立完善的劳动力流动机制和构建良好的就业环境,避免劳动力盲目流动,有效促进劳动力高效外流、稳定就业和提高农户家庭收入是巩固拓展脱贫成果,接续乡村振兴的关键步骤。普惠金融机构应加强资金整合力,加大资金倾斜力度,借助金融资金加强农户的人力资本建设,对农户进行各种劳动技能培训,提升其技能和就业竞争,促使农村劳动者向城市流动。

7.2.4 构建瞄准多维贫困的金融扶贫制度体系,重构金融扶贫新格局

适度的政府干预,对多维贫困减缓至关重要,因此,政府作为扶贫、减贫工作的发起者,在多维贫困减缓中应发挥其指导者的作用,构建瞄准多维贫困的金融扶贫制度体系,重构金融扶贫新格局。

7.2.4.1 完善多维贫困治理阶段普惠金融扶贫制度的顶层设计

除了建立以农村人口自我发展为核心的,多元主体互动的统筹机制、协作机制及激励机制之外,更重要的是应从顶层设计上实现三大制度调整和完善。第一,尽快建立体系健全、功能完备的农村金融法律法规体系,将"建立解决多维的长效机制"纳入立法,并从完善制度激励与约束、强化政策实施等方面全方位推进多维贫困治理法律保障制度的构建,尤其是完善《民法典》中与农村产权抵押相关的法规,消除农村产权交易中存在的法律障碍。第二,进一步明确《中华人民共和国农民专业合作社法》中关于合作社实施信用合作、组织形式、法律地位、经营管理及其内部利益关系的相关内容,为其提供更丰富的法律层面的指导意见。第三,重点从规则、规制层面对金融扶贫给予制度支持,引导多元合力驱动金融合作机制的完善,并对金融资源的分配、使用风险进行有效防范和监管。

7.2.4.2 推进保险保障与金融赋能减贫的双轮驱动

政府应全面梳理易发生返贫致贫的风险点,实行动态管理。着力建设脱贫人口动态信息管系统,完善社会保险保障的"兜底"体系,实现低保标准与多维贫困标准的统一,提升低保的瞄准性,并严格低保审核与动态

管理制度，将有致贫风险的边缘人口及时纳入帮扶范围，实施脱贫人口常态化跟踪监测机制，健全返贫分级风险治理机制、基于返贫风险预警与快速反应的双向沟通机制。通过优化农业保险补贴政策、农房险、特色作物险等提升保险保障水平，实现由"保成本"向"保价格"转变；创新针对多维贫困人口的寿险、重大疾病保险、补充医疗保险等产品供给，通过与信贷政策结合，为其提供"保障""融资"和"增信"的抗风险及谋发展能力；进一步发挥资本市场扶贫功能，探索大宗农产品保险＋期货市场，支持新型农业经营主体利用衍生工具市场平抑价格波动和损失；综合运用担保、利率、融资、信贷等金融产品为贫困人口"赋能"。对于独立发展能力较强，倾向于自主经营的农户，应加大信贷投放力度，合理优化信贷审批流程，并给予其信贷贴息、保险补贴等金融政策扶持，提升其生计发展及风险应对能力；对于自身缺乏产业发展能力的农户，在保证其信贷资金可得性的条件下，还应充分发挥农民合作社、集体经济组织等合作型经济组织的带动作用，引导该类农户将所获扶贫资源、资金等以股份合作的形式参与产业项目，充分提高小农信贷资金效率，或以生产性服务供给、保底分红等方式建立紧密的利益联结，逐步提升农户自身发展能力。

7.2.4.3　再造多维贫困治理的保障体系

2020 年之前，中国的贫困治理旨在解决贫困群体的生存问题，而2020 年之后当绝对贫困得以消除后，贫困治理致力于解决贫困群体的发展问题。这就需要金融扶贫与其他政策有机结合，全方位提升贫困地区解决多维贫困的基础服务水平。因此，政府应再造多维贫困治理战略下的货币政策传导体系、信用建设体系、金融组织体系、风险保障体系、金融监管体系，构筑一个基于"大金融扶贫"的支撑体系。通过助力产业振兴、资产定价、风险保障、降低交易成本等，推动各方形成政策合力，在推进多维扶贫过程中，形成金融机构参与多维贫困治理的长效机制，聚焦重点领域，挖掘经济潜力，从"满足贫困人口基本需求"转向"为人民增进福祉"，以"学有所教、病有所医、老有所养、安居乐业"，谋求"生活高质量"为政策内涵，筑牢高质量发展的金融根基。

参 考 文 献

（一）中文文献：

中文著作：

[1] 王曙光：《金融发展理论》，中国发展出版社 2010 年版。

[2] 张伟：《微型金融理论研究》，中国金融出版社 2011 年版。

[3] 焦瑾璞、陈瑾：《建设中国普惠金融体系—提供全民享受现代金融服务的机会和途径》，中国金融出版社 2009 年版。

[4] 黄颂文：《普惠金融与贫困减缓》，中国经济出版社 2014 年版。

[5] 胡国晖、王婧：《金融排斥与普惠制金融体系构建：理论与中国实践》，中国金融出版社 2015 年版。

[6] 王曙光：《普惠金融：中国农村金融重建中的制度创新与法律框架》，北京大学出版社 2013 年版。

[7] 杨国涛：《中国西部农村贫困演进与分布研究》，中国财政经济出版社 2009 年版。

[8] 白钦先、刘刚、郭翠荣：《各国金融体制比较（第二版）》，中国金融出版社 2008 年版。

[9] 黄颂文：《普惠金融与贫困减缓》，中国经济出版社 2012 年版。

[10] 冯兴元、孙同全、张玉环：《农村普惠金融研究》，中国社会科学出版社 2019 年版。

[11] 李建军等：《中国普惠金融体系理论、发展与创新》，知识产权出版社 2014 年版。

中文译著：

[1] [印] 阿玛蒂亚·森：《贫困与饥饿》，王宇、王文玉译，商务印书馆 2004 年版。

[2] [印] 阿玛蒂亚·森：《以自由看待发展》，任等译，中国人民大学出版社 2014 年版。

［3］［印］阿西夫·道拉、迪帕尔·巴鲁哈：《穷人的诚信》，朱明译，中信出版社 2007 年版。

中文期刊：

［1］安彬、肖薇薇、段塔丽：《秦巴集中连片特困区多维贫困度量及其空间格局》，载《地球环境学报》2018 年第 5 期。

［2］蔡洋萍：《湘鄂豫中部三省农村普惠金融发展评价分析》，载《农业技术经济》2015 年第 2 期。

［3］车四方、谢家智、舒维佳：《基于不同权重选取的多维贫困测度与分析》，载《数量经济研究》2018 年第 2 期。

［4］陈名银：《农村地区普惠金融的减贫效应与启示——基于 494 户农户的微观调查》，载《武汉金融》2017 年第 4 期。

［5］陈旭、刘春红、高长春：《中国金融扶贫研究前沿热点与演进脉络》，载《武汉金融》2019 年第 6 期。

［6］陈银娥、尹湘：《普惠金融发展助推精准脱贫效率研究——基于中国贫困地区精准脱贫的实证分析》，载《福建论坛（人文社会科学版)》2019 年第 10 期。

［7］陈银娥、张德伟：《县域金融发展与多维贫困减缓——基于湖南省 51 个贫困县的实证研究》，载《财经理论与实践》2018 年第 2 期。

［8］陈志刚、田江慧子：《中国区域普惠金融测度及影响因素的实证分析》，载《资源开发与市场》2018 年第 4 期。

［9］程名望、JinYanhong、盖庆恩、史清华：《农村减贫：应该更关注教育还是健康？——基于收入增长和差距缩小双重视角的实证》，载《经济研究》2014 年第 11 期。

［10］崔金平、刘燕、代斌、张利华：《农村金融发展的减贫效应研究——基于空间异质性与门槛效应分析》，载《金融纵横》2018 年第 1 期。

［11］崔艳娟、孙刚：《金融发展是贫困减缓的原因吗？——来自中国的证据》，载《金融研究》2012 年第 11 期。

［12］邓维杰：《精准扶贫的难点、对策与路径选择》，载《农村经济》2014 年第 6 期。

［13］丁竹君、郑晓栩：《我国西部农村地区金融普惠程度的测度及影响因素》，载《青海社会科学》2016 年第 4 期。

［14］丁志国、谭伶俐、赵晶：《农村金融对减少贫困的作用研究》，

载《农业经济问题》2011 年第 11 期。

[15] 董晓林、徐虹：《我国农村金融排斥影响因素的实证分析——基于县域金融机构网点分布的视角》，载《金融研究》2012 年第 9 期。

[16] 董晓林、朱敏杰：《农村金融供给侧改革与普惠金融体系建设》，载《南京农业大学学报（社会科学版）》2016 年第 6 期。

[17] 董玉峰、李泽卉、谢敏：《农村普惠金融减贫的作用原理、国际经验与建议》，载《金融理论与教学》2018 年第 1 期。

[18] 杜晓山：《小额信贷的发展与普惠性金融体系框架》，载《中国农村经济》2006 年第 8 期。

[19] 方迎风、张芬：《多维贫困测度的稳定性分析》，载《统计与决策》2017 年第 24 期。

[20] 付兆刚、张启文：《基于 PSTR 模型的农村金融渠道减贫效应分析》，载《中南财经政法大学学报》2016 年第 3 期。

[21] 傅鹏、张鹏、周颖：《多维贫困的空间集聚与金融减贫的空间溢出——来自中国的经验证据》，载《财经研究》2018 年第 2 期。

[22] 傅鹏、张鹏：《农村金融发展减贫的门槛效应与区域差异——来自中国的经验数据》，载《当代财经》2016 年第 6 期。

[23] 冯什：《互联网金融视角下农村普惠金融发展现状与对策研究》，载《现代商贸工业》2019 年第 24 期。

[24] 高艳云：《中国城乡多维贫困的测度及比较》，载《统计研究》2012 年第 11 期。

[25] 高远东、温涛、王小华：《中国财政金融支农政策减贫效应的空间计量研究》，载《经济科学》2013 年第 1 期。

[26] 勾东宁、赵祯：《我国普惠金融发展水平的省际比较》，载《统计与决策》2019 年第 15 期。

[27] 顾晓安、庄晓栋、沙一心：《普惠金融发展对城乡居民收入差距的影响研究——基于我国省级面板数据的门槛效应分析》，载《海南金融》2019 年第 7 期。

[28] 郭永中：《中国农村贫困人口问题研究》，载《学习与探索》2002 年第 2 期。

[29] 韩芳：《金融减贫效应的门槛特征分析及实证检验》，载《浙江金融》2014 年第 10 期。

[30] 韩晓宇：《普惠金融的减贫效应——基于中国省级面板数据的

实证分析》，载《金融评论》2017年第2期。

［31］郝依梅、夏咏、丁志勇、陈治国、李成友：《普惠金融发展对农村贫困的减缓效应——基于新疆南疆24县（市）面板数据的实证研究》，载《江苏农业科学》2017年第3期。

［32］郝依梅、夏咏、范宏民：《农村普惠性金融发展和减贫的研究进展》，载《天津农业科学》2016年第4期。

［33］何嗣江、史晋川：《弱势群体帮扶中的金融创新研究——以台州市商业银行小额贷款为例》，载《浙江大学学报（人文社会科学版）》2009年第4期。

［34］何学松、孔荣：《普惠金融减缓农村贫困的机理分析与实证检验》，载《西北农林科技大学学报（社会科学版）》2017年第3期。

［35］洪敏：《我国农村金融包容性发展水平的测度及影响因素研究》，湖南大学2014年。

［36］胡兵、赖景生、胡宝娣：《经济增长、收入分配与贫困缓解——基于中国农村贫困变动的实证分析》，载《数量经济技术经济研究》2007年第5期。

［37］胡宗义、丁李平：《中国普惠金融发展的空间动态分布及收敛性研究》，载《软科学》2018年第9期。

［38］胡宗义、唐李伟、苏静：《农村正规金融与非正规金融的减贫效应——基于PVAR模型的经验分析》，载《统计与信息论坛》2014年第11期。

［39］华正学：《邓小平反贫困理论的科学体系探析》，载《农业经济》2012年第1期。

［40］黄江泉：《社会资本缺乏诱致下的中国农民贫困循环机理剖析》，载《经济学家》2012年第9期。

［41］黄琦：《基于空间视角的中国农村多维贫困及金融反贫困效应研究》，载《金融理论与实践》2018年第3期。

［42］黄秋萍、胡宗义、刘亦文：《中国普惠金融发展水平及其贫困减缓效应》，载《金融经济学研究》2017年第6期。

［43］江春、赵秋蓉：《关于构建我国普惠金融体系的理论思考——国外金融发展如何更好地减缓贫困理论的启示》，载《福建论坛（人文社会科学版）》2015年第3期。

［44］焦瑾璞、黄亭亭、汪天都、张韶华、王瑱：《中国普惠金融发

展进程及实证研究》，载《上海金融》2015 年第 4 期。

［45］金明亮：《关于我省扶贫开发基本经验与模式的初步认识》，引自中共贵州省委宣传部、贵州省社会科学界联合会主编《贵州推进扶贫开发理论研讨会论文集》，贵州省社会科学界联合会 2011 年版。

［46］鞠晴江：《道路基础设施、经济增长和减贫——基于四川的实证分析》，载《软科学》2006 年第 6 期。

［47］雷汉云、张喜玲：《边疆地区普惠金融发展差异的阶段性评价——与我国中、东、西部地区的比较》，载《技术经济与管理研究》2017 年第 8 期。

［48］雷文杰、王敏杰、周磊、王杰、谭塈、曾双珠：《非正规金融对农村居民多维贫困影响研究》，载《金融发展研究》2019 年第 5 期。

［49］李飞：《多维贫困测量的概念、方法和实证分析——基于我国 9 村调研数据的分析》，载《广东农业科学》2012 年第 9 期。

［50］李佳路：《农户多维度贫困测量——以 S 省 30 个国家扶贫开发工作重点县为例》，载《财贸经济》2010 年第 10 期。

［51］李建军、韩珣：《金融排斥、金融密度与普惠金融——理论逻辑、评价指标与实践检验》，载《兰州大学学报（社会科学版）》2017 年第 4 期。

［52］李明贤、叶慧敏：《普惠金融与小额信贷的比较研究》，载《农业经济问题》2012 年第 9 期。

［53］李平：《东北贫困区多维致贫因素评价及实证分析》，载《统计与决策》2019 年第 7 期。

［54］李小云、唐丽霞、张雪梅：《我国财政扶贫资金投入机制分析》，载《农业经济问题》2007 年第 10 期。

［55］李小云、于乐荣、齐顾波：《2000～2008 年中国经济增长对贫困减少的作用：一个全国和分区域的实证分析》，载《中国农村经济》2010 年第 4 期。

［56］李秀娟：《西部地区农村长期性贫困成因及对策》，载《农业经济问题》2009 年第 4 期。

［57］李志军、张名誉：《普惠性金融发展与收入差距的非线性关系研究》，载《统计与决策》2015 年第 22 期。

［58］廖灵芝、殷艳、陈守映：《云南"三区"农户多维贫困测度研究》，载《西南林业大学学报（社会科学版）》2019 年第 1 期。

[59] 林卡:《绝对贫困、相对贫困以及社会排斥》,载《中国社会保障》2006年第2期。

[60] 刘芳、刘明、郭锋航:《金融发展规模、效率与县区反贫困研究》,载《统计与信息论坛》2015年第8期。

[61] 刘芳、刘明:《集中连片特困区农村金融发展的动态减贫效应研究——基于435个贫困县的经验分析》,载《中央民族大学学报(哲学社会科学版)》2017年第4期。

[62] 刘海军:《中国农村贫困成因研究综述》,载《中国集体经济》2009年第9期。

[63] 刘华珂:《普惠金融农村减贫效应的作用机理和实证检验》,载《会计之友》2018年第23期。

[64] 刘娟:《中国农村扶贫开发的沿革、经验与趋向》,载《理论学刊》2009年第8期。

[65] 刘司可:《精准扶贫视角下农村贫困退出机制的实践与思考——基于湖北省广水市陈家河村152户贫困户的问卷调查》,载《农村经济》2016年第4期。

[66] 刘伟、黎洁:《西部山区农户多维贫困测量——基于陕西安康市1404份问卷的调查》,载《农村经济》2014年第5期。

[67] 刘颖:《农村贫困问题特点、成因及扶贫政策》,载《人民论坛》2013年第12期。

[68] 刘玉丽、马正兵:《中国农村普惠金融发展减缓贫困的福利效应分析》,载《改革与战略》2018年第11期。

[69] 卢盼盼、张长全:《中国普惠金融的减贫效应》,载《宏观经济研究》2017年第8期。

[70] 罗楚亮:《经济增长、收入差距与农村贫困》,载《经济研究》2012年第2期。

[71] 罗刚、廖和平、李涛:《地理资本视角下村级多维贫困测度及贫困类型划分——基于重庆市1919个市级贫困村调研数据》,载《中国农业资源与区划》2018年第8期。

[72] 罗荷花、骆伽利:《多维视角下普惠金融对农村减贫的影响研究》,载《当代经济管理》2019年第3期。

[73] 罗斯丹、陈晓、姚悦欣:《我国普惠金融发展的减贫效应研究》,载《当代经济研究》2016年第12期。

[74] 吕勇斌、赵培培：《我国农村金融发展与反贫困绩效：基于2003—2010 年的经验证据》，载《农业经济问题》2014 年第 1 期。

[75] 马九杰、沈杰：《中国农村金融排斥态势与金融普惠策略分析》，载《农村金融研究》2010 年第 5 期。

[76] 马九杰、吴本健、周向阳：《农村金融欠发展的表现、成因与普惠金融体系构建》，载《理论探讨》2013 年第 2 期。

[77] 马明义、李桦：《秦巴山区农户多维贫困测度及精准扶贫对策研究》，载《干旱区资源与环境》2019 年第 1 期。

[78] 马彧菲、杜朝运：《普惠金融指数测度及减贫效应研究》，载《经济与管理研究》2017 年第 5 期。

[79] 潘慧、温雪、章元：《中国农村贫困的多维测度与影响因素的实证研究——社会资本的视角》，载《广西社会科学》2018 年第 1 期。

[80] 蒲丽娟：《农村反贫困战略下我国农村普惠金融体系构建研究》，载《改革与战略》2018 年第 2 期。

[81] 钱水土、陆会：《农村非正规金融的发展与农户融资行为研究——基于温州农村地区的调查分析》，载《金融研究》2008 年第 10 期。

[82] 秦建军、武拉平：《财政支农投入的农村减贫效应研究——基于中国改革开放 30 年的考察》，载《财贸研究》2011 年第 3 期。

[83] 李晶玲、谢瑞芬：《农村地区普惠金融发展路径探讨》，载《河北金融》2015 年第 4 期。

[84] 邵汉华、王凯月：《普惠金融的减贫效应及作用机制——基于跨国面板数据的实证分析》，载《金融经济学研究》2017 年第 6 期。

[85] 沈扬扬：《经济增长与不平等对农村贫困的影响》，载《数量经济技术经济研究》2012 年第 8 期。

[86] 师荣蓉、徐璋勇、赵彦嘉：《金融减贫的门槛效应及其实证检验——基于中国西部省际面板数据的研究》，载《中国软科学》2013 年第 3 期。

[87] 史耀疆、王欢、罗仁福：《营养干预对陕西贫困农村学生身心健康的影响研究》，载《中国软科学》2013 年第 10 期。

[88] 史志乐、张琦：《我国农村居民家庭的多维贫困测度及动态变化研究》，载《当代经济管理》2018 年第 11 期。

[89] 苏基溶、廖进中：《中国金融发展与收入分配、贫困关系的经验分析——基于动态面板数据的研究》，载《财经科学》2009 年第 12 期。

[90] 苏静：《中国农村金融发展的减贫效应研究》，湖南大学 2015 年。

[91] 孙咏梅：《基于多维视角的我国农村地区减贫成效评价及减贫路径探索》，载《社会科学辑刊》2018 年第 4 期。

[92] 谭燕芝、彭千芮：《普惠金融发展与贫困减缓：直接影响与空间溢出效应》，载《当代财经》2018 年第 3 期。

[93] 谭燕芝、张子豪：《社会网络、非正规金融与农户多维贫困》，载《财经研究》2017 年第 3 期。

[94] 谭华舟：《简析农商行移动金融创新，》，载《北京经济管理职业学院学报》2019 年第 3 期。

[95] 唐丽霞、罗江月、李小云：《精准扶贫机制实施的政策和实践困境》，载《贵州社会科学》2015 年第 5 期。

[96] 田杰、贾天宇、陶建平：《中国农村普惠性金融发展的生产率效应——来自 1867 个县（市）数据的实证研究》，载《华中农业大学学报（社会科学版）》2012 年第 3 期。

[97] 田霖：《我国农村金融包容的区域差异与影响要素解析》，载《金融理论与实践》2012 年第 11 期。

[98] 田银华、李晟：《金融发展减缓了农村贫困吗？——基于省际面板数据的实证研究》，载《首都经济贸易大学学报》2014 年第 5 期。

[99] 田原、张杨：《河北省农村普惠金融发展水平测度研究》，载《北方金融》2016 年第 8 期。

[100] 王艺容、赵丙奇：《普惠金融的多维贫困减缓效应研究——基于相对贫困的视角》，载《科技与经济》2021 年第 1 期。

[101] 汪三贵、郭子豪：《论中国的精准扶贫》，载《贵州社会科学》2015 年第 5 期。

[102] 汪三贵：《反贫困与政府干预》，载《管理世界》1994 年第 3 期。

[103] 汪三贵：《中国扶贫资金的管理体制和政策评价》，载《老区建设》2008 年第 3 期。

[104] 王保雪：《基于 DEMATEL - 熵权法云南多维贫困指标的权重研究》，云南财经大学 2014 年。

[105] 王碧玉、李树吉、李成红：《财政扶贫资金效益评价模型的构造及其应用研究》，载《东北农业大学学报（社会科学版）》2007 年第 4 期。

[106] 王春超、叶琴：《中国农民工多维贫困的演进——基于收入与教育维度的考察》，载《经济研究》2014 年第 12 期。

[107] 王弟海：《健康人力资本、经济增长和贫困陷阱》，载《经济研究》2012 年第 6 期。

[108] 王汉杰、温涛、韩佳丽：《贫困地区农村金融减贫的产业结构门槛效应》，载《财经科学》2018 年第 9 期。

[109] 王姣、周颖：《基于贫困减缓视角的普惠金融发展研究》，载《农业经济》2017 年第 2 期。

[110] 王婧、胡国晖：《中国普惠金融的发展评价及影响因素分析》，载《金融论坛》2013 年第 6 期。

[111] 王清星：《中国普惠金融发展研究述评》，载《哈尔滨商业大学学报》2016 年第 2 期。

[112] 王曙光、王东宾：《双重二元金融结构、农户信贷需求与农村金融改革——基于 11 省 14 县市的田野调查》，载《财贸经济》2011 年第 5 期。

[113] 王素霞、王小林：《中国多维贫困测量》，载《中国农业大学学报（社会科学版）》2013 年第 2 期。

[114] 王伟、朱一鸣：《普惠金融与县域资金外流：减贫还是致贫——基于中国 592 个国家级贫困县的研究》，载《经济理论与经济管理》2018 年第 1 期。

[115] 王修华、关键、谷溪：《中国农村金融包容的省际差异及影响因素》，载《经济评论》2016 年第 4 期。

[116] 王颖、曾康霖：《论普惠：普惠金融的经济伦理本质与史学简析》，载《金融研究》2016 年第 2 期。

[117] 王占峰：《金融创新：农村普惠金融发展的攻坚力量》，载《中国银行业》2014 年第 11 期。

[118] 魏后凯：《2020 年后中国减贫的新战略》，载《中州学刊》2018 年第 9 期。

[119] 魏丽莉、李佩佩：《普惠金融的反贫困效应研究——基于西部地区的面板数据分析》，载《工业技术经济》2017 年第 10 期。

[120] 文建龙：《中央领导集体对新中国扶贫理论的贡献述评》，载《中共云南省委党校学报》2013 年第 5 期。

[121] 吴国华：《进一步完善中国农村普惠金融体系》，载《经济社

会体制比较》2013 年第 4 期。

[122] 吴君娴、黄永兴：《农村非正规金融发展与农村多维贫困——基于面板门槛模型的研究》，载《绥化学院学报》2019 年第 5 期。

[123] 吴睿、王德祥：《教育与农村扶贫效率关系的实证研究》，载《中国人力资源开发》2010 年第 4 期。

[124] 吴胜泽：《能力贫困理论与广西国定贫困县多维贫困估计》，载《经济研究参考》2012 年第 65 期。

[125] 吴拥政、陆峰：《区域金融发展与城乡收入差异变化关系再检验》，载《统计与决策》2014 年第 12 期。

[126] 吴宗敏、吴宇：《全球贫困治理的深化与中国的实践创新》，载《江苏大学学报（社会科学版）》2019 年第 1 期。

[127] 武丽娟、徐璋勇：《我国农村普惠金融的减贫增收效应研究——基于 4023 户农户微观数据的断点回归》，载《南方经济》2018 年第 5 期。

[128] 肖翔：《金融包容指标体系的国际经验与启示》，载《上海金融》2013 年第 8 期。

[129] 信瑶瑶：《中国农村金融扶贫的制度变迁与生成逻辑》，载《甘肃社会科学》2019 年第 3 期。

[130] 熊凯军、刘琼：《我国普惠金融发展对城乡居民收入差距的影响——基于 2005～2016 年我国省际面板数据分析》，载《金融发展评论》2018 年第 12 期。

[131] 徐敏：《农村金融普惠的水平测度及影响因素分析——以新疆为例》，载《开发研究》2012 年第 5 期。

[132] 徐文奇、周云波、平萍：《多维视角下的中国贫困问题研究——基于 MPI 指数的比较静态分析》，载《经济问题探索》2017 年第 12 期。

[133] 徐月宾、刘凤芹、张秀兰：《中国农村贫困与农村社会保障制度的重建（英文）》，载《Social Sciences in China》2007 年第 4 期。

[134] 许加宏：《普惠金融发展程度及其减贫效应研究——以山东省菏泽市 8 县（区）为例》，载《金融纵横》2018 年第 7 期。

[135] 闫坤、于树一：《促进我国供给侧结构性改革效能提升的财税政策研究》，载《国际税收》2016 年第 12 期。

[136] 杨帆、庄天慧、龚荣发、曾维忠：《青海藏区县域多维贫困测度与时空演进分析》，载《统计与决策》2017 年第 22 期。

［137］姚耀军、李明珠：《中国金融发展的反贫困效应：非经济增长视角下的实证检验》，载《上海财经大学学报》2014年第1期。

［138］姚耀军：《中国农村金融发展与经济增长关系的实证分析》，载《经济科学》2004年第5期。

［139］叶拯、朱玉春：《秦巴山区农户多维贫困测度与影响因素研究》，载《北方园艺》2018年第11期。

［140］袁世伟：《重庆市普惠金融减缓农村贫困的实证检验》，载《金融经济》2018年第18期。

［141］张兵、翁辰：《农村金融发展的减贫效应——空间溢出和门槛特征》，载《农业技术经济》2015年第9期。

［142］张兵、张洋：《县域普惠金融发展水平测度及影响因素分析——基于面板数据的空间计量模型》，载《江苏农业科学》2017年第10期。

［143］张晔：《精准扶贫与乡村振兴战略有效衔接的实施路径探索》，载《决策探索（下）》2021年第3期。

［144］张锦华：《教育不平等、收入非均衡与贫困陷阱－对农村教育和农民收入的考察》，载《经济经纬》2007年第6期。

［145］张立冬：《中国农村多维贫困与精准扶贫》，载《华南农业大学学报（社会科学版）》2017年第4期。

［146］张立军、湛泳：《金融发展与城镇居民收入差距的经验分析》，载《山西财经大学学报》2005年第6期。

［147］张梦缘、宋坤、谌希、汪璐：《农村非正规金融发展的多维减贫效应研究——基于门槛面板数据的实证分析》，载《金融发展研究》2017年第4期。

［148］张世春：《小额信贷目标偏离解构：粤赣两省证据》，载《改革》2010年第9期。

［149］张童朝、颜廷武、何可、张俊飚：《基于市场参与维度的农户多维贫困测量研究——以连片特困地区为例》，载《中南财经政法大学学报》2016年第3期。

［150］张小林、徐敏、蔡中华：《普惠金融影响城乡居民收入差距的减贫效应检验——以新疆为例》，载《河北科技大学学报（社会科学版）》2016年第4期。

［151］张晓琳、董继刚：《农村普惠金融发展评价分析——来自山东的实证研究》，载《东岳论丛》2017年第11期。

[152] 张新文、罗倩倩：《基于社会政策视角下的农村贫困致因探讨》，载《广西青年干部学院学报》2011 年第 21 期。

[153] 张雪梅、李晶、李小云：《妇女贫困：从农村到城乡，从收入贫困到多维贫困——2000 年以来中国"妇女贫困"研究评述与展望》，载《妇女研究论丛》2011 年第 5 期。

[154] 张宇、赵敏：《农村普惠金融发展水平与影响因素研究——基于西部六省的实证分析》，载《华东经济管理》2017 年第 3 期。

[155] 赵洁：《收入不平等、非正规金融与农户多维贫困》，载《科学决策》2018 年第 10 期。

[156] 郑瑞强、曹国庆：《基于大数据思维的精准扶贫机制研究》，载《贵州社会科学》2015 年第 8 期。

[157] 郑中华、特日文：《中国三元金融结构与普惠金融体系建设》，载《宏观经济研究》2014 年第 6 期。

[158] 周常春、翟羽佳、车震宇：《连片特困区农户多维贫困测度及能力建设研究》，载《中国人口·资源与环境》2017 年第 11 期。

[159] 周孟亮、张国政：《基于普惠金融视角的我国农村金融改革新方法》，载《中央财经大学学报》2009 年第 6 期。

[160] 周孟亮：《包容性增长、贫困与金融减贫模式创新》，载《社会科学》2018 年第 4 期。

[161] 周强、张全红：《农村非正规金融对多维资产贫困的减贫效应研究——基于 CFPS 微观家庭调查数据的分析》，载《中南财经政法大学学报》2019 年第 4 期。

[162] 周小川：《践行党的群众路线推进包容性金融发展》，载《中国金融家》2013 年第 10 期。

[163] 周再清、李亚男、杨杰钦：《武陵山区普惠金融减贫效应研究》，载《广西财经学院学报》2018 年第 6 期。

[164] 朱乾宇、姚上海：《民族地区反贫困战略中人力资本投资的经济学分》，载《黑龙江民族丛刊》2005 年第 1 期。

[165] 朱洋、刘阳：《普惠金融发展的贫困减缓效应研究——基于中国省级面板数据的实证》，载《金融与经济》2018 年第 5 期。

[166] 邹薇、方迎风：《怎样测度贫困：从单维到多维》，载《国外社会科学》2012 年第 2 期。

[167] 邹薇：《我国现阶段能力贫困状况及根源——基于多维度动态

测度研究的分析》，载《人民论坛·学术前沿》2012 年第 5 期。

　　[168] 左停、杨雨鑫、钟玲:《精准扶贫: 技术靶向、理论解析和现实挑战》，载《贵州社会科学》2015 年第 8 期。

　　[169] 左停:《贫困的多维性质与社会安全网视角下的反贫困创新》，载《社会保障评论》2017 年第 2 期。

(二) 英文文献:

　　[1] Ahamed M, Does Inclusive Financial Development Matter for Firms' Tax Evasion? Evidence from Developing Countries. *Economics Letters*, Vol. 149, No. 12, 2016, pp. 15 – 19.

　　[2] Akhter S, Daly K J, Finance And Poverty: Evidence from Fixed Effect Vector Decomposition. *Emerging Markets Review*, Vol. 10, No. 3, 2009, pp. 191 – 206.

　　[3] Alfred Hannnig, Stefan Jansen, Financial Inclusion and Financial Stability: Current Policy Issues. ADBI Working Papers, No. 0259, 2010.

　　[4] Allen F. A. , Demirguc – Kunt, L. Klapper, M. Soledad, M. Peria, The Foundations of Financial Inclusion: Understanding Ownership and Use of Formal Accounts. *Journal of Financial Intermediation*, Vol. 27, No. 7, 2016, pp. 1 – 30.

　　[5] Andrianaivo M, K Kpodar, ICT, Financial Inclusion, and Growth: Evidence from African Countries. IMF Working Paper, 2011, P. 73.

　　[6] Appleyard L, Community Development Finance Institutions (CD-FIs): Geographies of Financial Inclusion in the US and UK. *Geoforum*, Vol. 42, No. 2, 2011, pp. 250 – 258.

　　[7] Arora R U, Measuring Financial Access. *Griffith Business School Discussion Papers Economics*, Vol. 1, No. 7, 2010, pp. 1 – 21.

　　[8] Banerjee A. V. , Newman A. F, Occupational Choice and the Process of Development. *Journal of Political Economy*, Vol. 101, No. 2, 1993, pp. 274 – 298.

　　[9] Beck T, Demirguc – Kunt A, Levien R, Finance, Inequality and the Poor. *Journal of Economic Growth*, No. 12, 2007, pp. 27 – 49.

　　[10] Beck T, Demirguc – Kunt A, Peoria M, Reaching Out: Access to and Use of Banking Services Across Countries. *Journal of Financial Economics*,

Vol. 85, No. 1, 2007, pp. 234 – 266.

[11] CGAP, *Building Inclusive Financial Systems: Donor Cuidelines on Good Practice in Microfinance*. Washington D. C: Consultative Group to Assist the Poor, 2004.

[12] Chambers, D. Ying, W. & Hong, Y, The Impact of Past Growth on Poverty in Chinese Provinces. *Journal of Asian Economics*, Vol. 19, No. 4, 2008, pp. 348 – 357.

[13] Classens S, Feijen E, Finance and Hunger: Empirical Evidence of the Agricultural Productivity Channel. World Bank Policy Research Working Paper, No. 4080, 2006.

[14] Dollar D, Kraay A, Growth is Good for the Poor. *Journal of Economic Growth*, No. 7, 2002, pp. 195 – 225.

[15] Fungd Cova, Z. L. Weill. , Understanding Financial Inclusion in China. *BOFIT Discussion Papers*, Vol. 2014, No. 10, 2014, P. 1.

[16] Galor O, Zeira J, Income Distribution and Macroeconomics. *Review of Economic Studies*, Vol. 60, No. 1, 1993, pp. 35 – 52.

[17] Geda A, Shimeles A, Zerfu D, Finance and Poverty in Ethiopia: A Household – Level Analysis. Research Paper, UNU – WIDER, United Nations University (UNU), 2006, P. 51.

[18] Gulli H, *Microfinance and Poverty: Questioning the Conventional Wisdom*. International American Development Bank, 1998.

[19] Gupte R, Venkataramani B, Gupta D, Computation of Financial Inclusion Index for India. *Social and Behavioral Sciences*, No. 37, 2012, pp. 133 – 149.

[20] Imai K, Arun T, Does Microfinance Reduce Poverty in India? *Economics Discussion*, 2008.

[21] Jung, Hong – Sang, Erik Thorbecke, The Impact of Public Education Expenditure on Human Capital Growthand Poverty in Tanzania and Zambia: A General Equilibrium Approach. *Journal of Policy Modeling*, Vol. 25, No. 8, 2003, pp. 5 – 15.

[22] Klapper Nolan, Handbook of Organization Measurement. *International Journal of Manpower*, Vol. 24, No. 16, 2012, pp. 301 – 377.

[23] Leeladhar V, Taking Banking Services to the Common Man Fian-

ncial Inclusion. *Reserve Bank of India Bulletin*, Vol. 60, No. 1, 2006, pp. 73 –
77.

［24］Lloyd – Ellis H, and Bernhardt D, Enterprise, Inequality and Eco-
nomic Development. *Review of Economic Studies*, Vol. 67, No. 1, 2000, pp. 147 –
168.

［25］Mahjabeen Rubaba, Microfinancing in Bangladesh: Impact on
Households, Consumption and Welfare. *Journal of Policy Modeling*, Vol. 30,
No. 6, 2008, pp. 1083 – 1092.

［26］Matsuyama, Financial Market Globalization and Endogenous Ine-
quality of Nations. Discussion Paper, No. 1334, 2001.

［27］Nackiker Mor, Bindu Ananth, Inclusive Financial Systems: Some
Design Principles and a Case Study. *Economic and Political Weekly*, Vol. 42,
No. 13, 2007, pp. 1121 – 1126.

［28］Osili, Una Okonkwo, Anna Paulson, What can We Learn about
Financial Access from U. S. Immigrants? The Role of Country of Origin Institu-
tions and Immigrant Beliefs. *The World Bank Economic Review*, Vol. 22, No. 3,
2008.

［29］Rajan R G, Zingales L, The Great Reversals: the Politics of Fi-
nancial Development in the Twentieth Century. *Journal of Financial Economics*,
Vol. 69, No. 1, 2003, pp. 5 – 50.

［30］Sarma M, Index of Financial Inclusion. ICRIER Working Paper,
No. 215, 2008.

［31］Townsend R M, Ueda K, Financial Deepening Inequality and
Growth: A Model-based Quantitative Evaluation. The Review of Economic Stud-
ies, Vol. 73, No. 1, 2006, pp. 251 – 293.

后　　记

2021 年 12 月 21 日，冬至。银川的天气明媚而晴朗，远没有北方严冬的萧瑟感。入夜，立于书桌前，看着即将完成的书稿，既有着如释重负的欣悦，又有着对时光荏苒的感慨。

本书从选题到完稿经历了 5 年的时间，5 年的博士生涯是我人生中最为重要和值得留恋的一段历程，作为学校为数不多的"70 后"，我既要克服身体和精力的逐渐不足，又要一边兼顾繁重的教学任务，一边学习，这其中的艰辛，难以言表。我也曾经犹豫过，消极过，一度也想过放弃，但是面对好不容易获得的学习机会，我最终坚持下来。回想求学路上的点点滴滴，我的每一步成长离不开老师、同事、同学和亲友的鞭策和支持，在此书稿付梓之际，由衷感谢关心和帮助我的每一个人。

首先感谢我的导师潘焕学教授，感谢潘教授将我收于门下，让我有机会在离开校门十多年后重新回到学校，提升知识、修养。潘老师儒雅内敛，树德育人，厚德载物。他以其严谨的治学态度，敏锐的学术眼光，创新的研究思路深深影响着我。今日致谢，难倾心中激动，唯有不懈努力报答师恩的谆谆教诲。

我还要感谢北京林业大学经济管理学院的老师和同学们。北京林业大学经济管理学院具有良好的学术氛围，在这里，各位教授、学者定期举行的学术报告，给予我很多创作灵感。感谢秦涛教授、邓晶老师、顾雪松老师，在本书的写作过程中给予很大的支持和帮助，给出了宝贵意见。感谢师妹龙婷、乔倩在生活中对我的关怀。

感谢宁夏大学经济管理学院领导，为了使我兼顾工作和学习，你们给我很多的便利，使我赢得时间并进行本书的写作。特别感谢东梅博士，东梅博士为本书框架设计提出非常有价值的指导。感谢杨韶艳博士、马晓云博士、马艳艳博士和哈梅芳博士，你们对学术研究的一往情深是我学习的榜样，大家常一起进行的学术探讨使我受益匪浅。感谢闺蜜陈朝霞、马冬梅对我的支持和鼓励。感谢学生孙宇欣、刘正阳、刘阳、刘欣竹、王倩、盛明辉、段雪娇在调研和数据查找过程中的辛苦付出。

最后，我最要感谢我的家人。你们对我的关怀是激励我学习和认真写作的动力源泉。爸爸、妈妈已七十岁高龄，但是作为教师的他们，非常理解和支持我求学的道路，不顾病痛，长期帮我照顾孩子，默默无私地奉献着对我的爱和宽容。我也不能忘记丈夫杨术明在我学术道路上的无私奉献。正是在他的鼓励下，我才能一直坚持，不言放弃。他身兼教学和行政双职，工作和学习非常繁重，但是，在我离家求学期间，仍然承担教育女儿的重任，并为本书的写作绘制图表、排版，减轻了我的工作压力。我的女儿聪明可爱、乖巧听话，学习成绩优异，让我能专心学业。恩情、友情、亲情汇成涓涓细流，给我学习和工作无限动力。

最后，感谢宁夏大学经济管理学院，感谢经济科学出版社，没有你们提供的资助和帮助，本书不可能及时出版。

本人才疏学浅，书中难免有错误和疏漏之处，请读者们批评指正。

马 平

2021 年 12 月 21 日于宁夏银川